日本人リーダーは、なぜ危機管理に失敗するのか

——リーダーは悲観主義者《ペシミスト》、実動部隊は楽観主義者《オプチミスト》であれ！——

大泉光一・大泉常長
企業危機管理研究会　著

晃洋書房

はしがき

近年、食品表示偽装や食肉の産地偽装などコンプライアンスに関わる不祥事のほか、花王の100％子会社「カネボウ化粧品」の美白化粧品問題、食品大手のマルハニチロホールディングス・グループ（アクリフーズ）の冷凍食品の農薬混入事件、世界第2位の自動車部品会社「タカタ」の欠陥エアバック問題、東洋ゴム工業の免震ゴムの性能データ改ざん問題など、企業イメージを大きく低下させるような問題が頻繁に起きている。これらの企業の共通した問題点として、いずれも危機管理の要諦である「事前対策」が欠けていた点が指摘される。つまり事前活動として、「不測事態（危機）対応計画」や「緊急事態対応計画」を立案し、事前の態勢が整っていなかったと推察される。そのため不良（汚染された）製品の回収が大幅に遅れ、ダメージ防止のための「初動対応」に失敗して巨額な損失を余儀なくされたのである。

危機管理の基本は平時における危機の認識と事前の準備にある。そして想定外の事態が起きても被害を最小化する柔軟な構えが欠かせない。ところが、これらの企業は、相変わらず危機を予知・予防する「事前対策」の準備を怠り、危機が発生してから慌てて対処する事後処理型の「**後手の危機管理**」に重点を置いていたようである。つまり危機発生後に経営トップが記者会見で頭を下げて謝罪すれば簡単に事態収拾が出来ると考えていたようである。こうした不祥事や問題が起きる背景には、①経営トップの自覚が乏しい、②社員が経営トップに対してマイナス情報を伝えていない、③社内のチェック体制が整備されていない、④経営トップがマイナス情報を積極的に把握しようとしていない、⑤深刻な問題があっても指摘しにくい企業風土がある、⑥企業倫理、企業活動が明確でない、など、様々な問題点が指摘される。

経営へのダメージを最小限に食い止めるためには、「**初動対応**」**が重要なカギとなる**が、多くの経営トップは、危機が発生している事実を「**否認**」し、対応を遅らせて最悪の事態に陥るケースが意外に多いのである。また、本書で詳しく述べるが「初動対応」に失敗するもう1つの原因として「事なかれ主義」や「以心伝心」など、日本の「和」の思想が挙げられる。つまり、危機管理に不可欠な諸要件と日本の「ムラ社会」の掟（「和」の思想）は水と油に等しい関係であるといえる。こうした問題を十分に認識し、解決しない限り日本企業は半永久的に危機管理の問題に悩まされることになりかねないのである。

ところで、わが国で初めて「危機管理学研究」を創出した私の父親（大泉光一　青森中央学院大学大学院地域マネジメント研究科教授・元日本大学大学院教授）が35年以上前から一貫して述べてきたことであるが、企業の危機管理の基本は、経営トップが常に「**最悪の事態に備える**」ことである。これは「備えあれば憂いなし」ということで、**常に悲観的に最悪を予測し、そのような事態が発生もしくは悪化しないように防止・回避するということを意味する**。楽観的な予測に基づいて対応策を準備した場合、悲観的な事態を招いてしまい、非常に危険である。「最悪の事態に備える」ということは、方法論としては自分の頭の中で考えられる物事を、広く深く、多角的に網羅して、その対策を考えることからスタートするのである。

効果的な危機管理にとってまず重要なことは、「不測事態（危機）対応計画」や「緊急事態対応計画」の立案過程の初期段階において、経営トップの参画が不可欠であるということを認識すべきである。

本書は、私の父が主宰している「企業危機管理研究会」（高村和夫会長）における特別講義の集大成である。また第6章で紹介する「事例で学ぶ危機対応の失敗からの教訓」は、同研究会での共同研究の成果の一部をまとめたものである。

なお、本書第8章では、「企業危機管理学」を総体的に理解するために、私の父が「企業危機管理学」の学際的研究領域について、マクロ研究およびミクロ研究の二つの領域に分類してわが国で初めて理論体系化に成功した提言に対し、私自身の研究成果を大幅に加筆して紹介している。

最後になったが、本書の刊行ならびに校正その他の諸事万端については晃洋書房 編集部編集長 西村喜夫氏および編集部の福地成文氏の懇篤たる御援助をいただいたことに対し深く感謝いたします。

平成二七年七月

執筆者を代表して
青森中央学院大学・大学院准教授
大泉常長

目次

プロローグ

東日本大震災では日本企業は甚大な被害を被ったため、「事業継続計画（Business Continuity Planning：BCP）」や「事業継続管理（Business Continuity Management：BCM）」の見直しなど、これまで以上に危機管理計画を策定し、実行するようになった。また、日本企業を巻き込んだイスラム過激派組織によるアルジェリアのテロ事件や、経営の根幹を揺るがすような様々なコンプライアンスに関わる不祥事発生などにより、ようやくわが国企業の危機管理に対する関心度が高まり、最近ようやくその必要性と重要性が理解されるようになった。しかしながら、まだ**日本企業の大半の経営トップには積極思考を崇拝する「オプチミスト（楽観主義者）」が多く見られ、「最悪の事態」を想定した危機対応計画を立案するのを苦手としている。**したがって、企業内における危機管理の専従部門の設置が遅れ、そこで業務に携わる人材育成も大幅に遅れており、大企業も含めて人材不足に陥っていると言わざるを得ない。

わが国における「危機管理学」の研究は、まだまだ欧米諸国の水準に達していないと言っても過言ではない。そのため、「危機管理学」を専門的に学ぶことができる大学や専門研究機関は限られている。

こうした問題の背景として、国内外の大学や大学院において危機管理学の学際研究を積み重ねた研究者が不足している点が指摘される。ちなみに現在大学や大学院の教壇に立っている大半の教授陣は、学術研究者の出身者は稀少であり、ほとんどが総務省（内閣府）、警察庁や消防庁などのＯＢの実務経験者で占められている。

わが国において「企業危機管理学」が定着しない主な理由として、後述するような日本の企業（ムラ）社会に深く根付いている「事なかれ主義」や「以心伝心」などの「和」の原理（思想）が大きな障害となっていることと、経営トップの「リスク感性力」や「危機意識の欠如」などがあげられる。

企業活動における大半の危機とは、何の予告もなしに突然発生し、正常に経営を行っている組織の能力を危険に陥らせる状況のことである。そこで筆者は、「企業危機管理（Corporate Crisis Management）」を次のように定義する。

「平時の企業経営において常に最悪の事態を想定し、危機の発生を未然に防止するために予知・予防する事前対策（不測事態対応計画の立案および訓練）を講じる。万一、危機が発生した場合に迅速で果断な決断力と、強いリーダーシップで対処し、経営レベルの被害（ダメージ）を最小限に食い止める経営手法のことである」。

第1章　経営リーダーのリスク感性と危機意識
――伝統的な国民性や価値観が影響――

第1節　リスク感性とは

社会の価値が多様化・複雑化した現代は、企業を取り巻くリスクの種類が否応なしに発生する。日本企業において不祥事や大事故などの深刻な危機が発生した場合、危機対応チームの迅速な対応によって、人的および物的損害を最小限にくい止めるためのダメージ防止をすることである。可処分時間が限られているのに危機はその都度異なり、マニュアルや前例はあまり役に立たない。経営リーダーが1人で難題に挑み、決断し対応するしかない。ところが、**日本の多くの経営リーダーには、想定できない危機を未然に察知し、的確に対応できる「リスク感性力」と問題解決力が欠けているといわれる。**そのうえ日本の経営リーダーには、**「最悪の事態」に備えることを嫌うオプチミスト**（楽観主義者）**が多く、そして「和」の原理を重んじるあま**

り集団心理（**皆一緒主義**）**が働き、自らの責任ではなく、連帯責任で集団体制を整えて現場の指揮にあたるケースが殆どである。そのため事態収束の方向性を示すまでかなりの時間がかかるので、現場における初動対応が遅れ「最悪の事態」を招くのである。**ちなみに、詳細については後述するが、問題の背景にある日本古来の「和」の原理は、意見の対立を認め、個人の責任を厳しく追及したりする欧米型の危機管理手法とは水と油の関係といえる。つまり「和」の原理は危機発生時における経営リーダーの意思決定に大きな障害となり得るのである。

第2節　経営リーダーが身に付けるべき「危機意識」とは

一方、「危機意識」とは、危機が迫っているという不安の感じのことである。危機意識は個人の性格によって大きく異なるのである。個人の性格には、「セルフ・デフレートな性格（自己の見方を過小評価する）」と「セルフ・インフレートな性格（自己の見方が非現実的である）」そして、自分自身を肯定的に評価できる性格がある。セルフ・デフレートな性格の人の主な短所は、集中力に欠け、他人からの影響を受け易く、どちらかと言えば運命論者が多い。つまり、裏舞台に留まる性格であり、自らの人生を導くのに未熟であると信じている。一方、セルフ・インフレートな性格の人の短所は、利己主義、自己中心であり、極端に競争するのに努力する。また、批判に対し過度に敏感であり、アルコール依存症に罹り易い。この性格の人は、自己業績や自分の才能を過大評価したり、他人から継続的な注目や評価を求めたりする。どちらかと言えば、セルフ・インフレートな性格の人は危機に対し脆弱であり、日本人に多いようである。他方、自分自身を肯定的に評価できる性格の人は、不安や生活の脆弱さを実感するが、恐怖に屈することはない。また、独自性を実感でき、異なった見方や考えを容易に受け入れることができる。このタイプの性格の人は「危機」に対し、冷静に対応できるのである。

大半の日本人は、戦後70年にわたって治安の良さや近隣国に軍事的に脅かされるような紛争もなく、平和な社会環境で過ごしてきたため、危機意識が欠如していると言われる。なぜ人は、危機に対しそれぞれ異なった影響を受けるのであろうか？　この答えを得るためには個人の性格やその人が生れ育った国の社会環境や家庭環境などを知る必要がある。

私たちに危機意識が形成される要素として、①国際紛争（戦争、内乱、テロなどの脅威）や治安悪化などの「社会環境」の影響、②深刻な事件・事故や大震災・洪水などの自然災害を直接的に経験する、③伝統文化によって形成された国民性、④家庭環境、宗教、思想、社会規範、学校教育などを通じて形成される個人の性格、⑤学校や家庭内における死に対するイメージ教育など、5つをあげることができる。これらのうち、とくに、⑤の死に対する心構えの問題は、日本人の危機意識の欠如の大きな要因となっており、大半の日本人は事前に死を覚悟することができないと言われている。そもそもわが国では戦後70年の間文部省（文科省）が小学生や中学生に対し、「強く生きよう！」と、生き方だけを教えてきて、人間の死や死と向き合うことについては何も教えてこなかった。そのためとくに子どもたちは命の大切さについて理解しておらず、また死に対する心構えもできていないのである。このことは大人になっても危機管理の要諦である「最悪の事態に備える」ことができないということに結びついているようである。つまり、現代の日本人にとって「死」は実在ではなくなってきていることである。そして自分は死ぬことはないと考えると同時に、無意識のうちに死を遠ざけている（自分にとって死はないという考えが強い）。そのため自分は死ぬことはないので、危機意識など気にしないでいいと思うようになったと考えられる。したがって、私たち人間は不死身ではなく、致死率は１００％であることを再認識し、死と向き合えるように努力すべきである。死を現実のものとして受け入れることができるようになれば、自然に自分の命を大切にしなければならないという意識が生れ、危機に対する事前対応に積極的に取り組むようになるはずである。

第3節　経営リーダーに求められる「リスク感性力」、「問題解決力」、「直観力」

経営リーダーが自らの組織を取り巻く「リスク」と「危機」について認識を深めるためには、社会、政治、経済などの環境変化に鋭敏に適応できるリスク感性力を持つことが求められる。ここで言うリスク感性とは、リスクに対して敏感で危険信号を察知できる能力が組織として備わっている、この**リスクに対する「予見能力」のこと**である。つまり自分の**組織においてこのままだとリスクが顕在化してしまうと察知できる能力のことである。**したがって、優れたリスク感性を持ったリーダーが統率している組織は、常に謙虚に自己反省して、組織内で発生した多種多様な事故・事件を分析し、今後二度と同じような問題を発生させないように事前に対策を講じているのである。

近年、企業が劇的な環境変化に晒されるようになってきている。確かに高度経済成長の終焉による低成長時代への突入と総需要の低下、ソーシャルネットワークといった情報技術の進展などを背景に、社会の価値観はますます多様化・複雑化している。社会の価値が多様化・複雑化した現代社会は、企業を取り巻くリスクに対する唯一の解決策が見出せない時代である。つまり、何がリスクなのか自体が想定できなくなってきている。そのため、リーダーは課題そのものを自ら捉え、考える力が必要となっている。唯一の解決策がない時代においては、米国の政治哲学者・倫理学者でハーヴァード大学教授のマイケル・サンデル（Michael J. Sandel）氏が提唱しているように、自発的に課題を設定し、その解決策を第三者との対話を通して見出していくプロセスが重要である。従来では想定できないリスクを未然に察知し、的確に対応できる感性と問題解決力を持った経営リーダーの育成が急務となっている。

ところで、ド・ゴール元フランス大統領の言葉を借りると、「昨日、今日、明日というように予測がつく平時と何が起こるか分らない非常時ではリーダーは違う。平時において評価される力は、想像力よりも記憶力である。また、自律性よりも順応力が評価される」。

非常時に求められる能力は、論理的な思考によらないで、直接に対象の本質を捉える「直観力（Intuition）」である。「直観力」（理性的認識能力）は本能と知性が一緒になったものである。「直観力」と強い意志を持った人間がリーダー（経営トップ）といえる。既に指針が与えられている事をやり遂げるには、「直観力」を働かせる必要はない。しかし指針がない時は、直観を働かせ、瞬発力をもって対応できる資質が求められる。

第4節　危機管理の運営に支障をきたす日本人特有の国民性および価値観

日本人リーダーが危機事態において瞬時な意思決定を行う際に障害となる日本人特有の国民性や価値観には次のようなものがある。

(1)　自分の身は自分で守る「自己防衛（セルフ・ディフェンス）意識」の欠如
(2)　危機に対する想像力が働かない
(3)　「疑う」ことをタブー視
(4)　「最悪の事態」に備えることができない
(5)　熱しやすく、冷めやすい国民性
(6)　死と向き合うことができない（日本人の異質な死生観）
(7)　自分の生き方を「運命論」で片づけてしまう

これら7つの日本人特有の国民性のうち特に経営リーダーにとって重要と思われるものは次の通りである。

1　自己防衛意識の欠如

日本人の他力本願的な発想には幾つかの理由が考えられる。その1つが、明治国家から続く社会意識の根っこにある、お上と下々の感覚である。横並びで、もたれ合い、自立する精神の希薄さでもある。だから何かあれば、すぐに公助に頼るのである。その顕著な例が地震や洪水災害などで、公共施設へ避難する際に72時間用の食料、飲料水、医薬品などの生活必需品を持たずに避難することである。「どうせお上（自治体）がやってくれるだろう」と思い込んでいるためである。そのため、食料や飲料水などを個人で備蓄する国民は少数派である。もう1つは日本の「ムラ社会」における「自己防衛」意識の欠如がある。日本人は「ムラ社会」において甘え合いの関係を形成し、「ムラ社会」内部で連帯感や共同体意識を持って生活している。そのため、災害や事件に巻き込まれた場合には、「誰かが助けてくれると思う」つまり、「誰かが自分を守ってくれるはず」と、考える。しかしながら、大切なことは、自分の身を守るためには他人に頼ることを当たり前にしないで、自分自身で守るように心掛けることである。

2　危機に対する「想像力」（創造力）が乏しい

日本人は、模倣は得意だが想像力（創造力）が乏しいとよくいわれる。これには様々な理由が考えられるが、とくに「ムラ社会」の影響が大きいといえる。「ムラ社会」において、他の人と異なる行動をとることは「ムラ」の秩序を乱し、たとえそれが創造的、効果的なものであっても、「出る杭は打たれる」結果に終わってしまうことが多い。また「ムラ」の慣習、伝統といった「しがらみ」にとらわれているため、そこから逸脱した行動、アイディアなどが生まれにくい土壌がある。このようなムラ社会においては、想像力を働かせたり、また発達させることは比較的困難なことである。その結果、想像力や創造力の欠如（創意工夫およびアイディア不足）といった日本人の国民性が形成されたと考えられる。

3 「疑う」ことをタブー視

わが国では近年、「振り込め詐欺」や「オレオレ詐欺」の被害に遭う人が後を絶たない。日本は名実ともに「詐欺師天国」なのである。日本以外の国ではあり得ないこうした**詐欺行為が蔓延するのは、日本では昔から家庭でも学校でも「疑う」ことを教えてないからである。**

大半の日本人は「相手に疑問を抱いたり、疑ったりすることができない」、その最大の理由は、相手に対し、「否定をはっきり表明しない」と同様に「相手と「不和」が生じないように疑ったりしない」という日本の伝統的な「和」の思想が背景にある。つまり多くの日本人は、世界に類のない「疑う」ことを知らない希少な民族なのである。こうした背景には、約１５００年以上前から伝統的な社会規範として国民に受け継がれて来ている聖徳太子の「和」の思想が大きく影響している。聖徳太子がユリウス暦６０４年に制定した「十七条憲法」の第一条「以和為貴（＝和を以って貴しと為す）」から第十七条までの思想である。つまりわが国では人と人が仲良くすることこそ最も尊いことであるという言葉で始まるとおり、「和」の思想を重視してきている。日本の暗黙の社会規範ともいえる「和」の思想の具体的なものの1つに、「**相手を疑ったりしない**」という思想があり、日本人の日常生活の隅々まで根を下ろしている。したがって、日本社会では（他人を）「疑う」ことはタブーであり、「和」を乱すことになるという考えが強く、「疑わしい」と思ってもそれを否定し受け容れてしまう場合が多い。それ故に奇怪な詐欺事件などに巻き込まれてしまうのである。また、日本の社会は伝統的に国家が提唱してきた「安全神話」に疑問を抱くことなく信じてきた。その背景には**時代の権力者が一般大衆に対し、服従精神を巧妙に植え付けてきたという「長いものには巻かれよ、太いものには呑まれよ」と服従を勧める言葉は、歴史的に支配される側の一般大衆にとって第一に心掛けるべきこととされてきた。そのため特に権力や権威に対し、何ら疑問を持つことなく信じ込んでしまうという日本人の国民性が形成されたと考えられる。**

4　「最悪の事態」に備えられない

私たちにとって「最悪の事態」とは、家族の誰かが死傷したり、財産を失ったり、失職して収入がまったく無くなったりして、今の幸せな生活がすべて失われることである。そうならないためにも常に「最悪の事態」を想定して物事を考えるようにすべきである。しかしながら、大半の日本人は死に結びつくことや自分に降りかかって来そうな嫌なことを極力避けたがるのである。つまり自分にとって不利なことや都合の悪いこと、みっともないことをひたすら外部に漏れないように、一時凌ぎのやり方で隠したがるのである。**日本人が嫌なことや穢れたものを避けたり排除したりする意識は、神道の清浄観に由来し、さらに仏教が身分差別を持ち込んだためと言われている。**

5　「運命論」で決めてしまう

筆者が十数年前に2000人の18歳以上の男女を対象に実施した「日本人の危機意識」に関するアンケー

ト調査結果によると、80％以上の日本人が「運命論者」または、「運否天賦（うんぷてんぷ）論者＝運を天に任せること」であることが判明した。確かに日本人は、自分でどうすることもできない事態に対して投げやりになり、自らの運命（運命論者）や天の定め（天譴論）として、事態を諦め（諦念論）または忘れよう（忘却論）とする傾向がある。これは日本人の内向的性格や自然観・災害観などと関連している。例えば自然災害においては、自然のもたらす災害とそこにおける人間の生や死を避けられない運命と考え、これを甘受する。

6 「出る杭は打たれる」が危機に強い人材育成の最大の障害

社会でよく目立ち、優れた才能を持つ人は、他人から妬まれたり、憎まれたりし易いという意味である。もう1つの意味として、出過ぎた振る舞いをすると、他人から非難されやすいという意味もある。このやり過ぎの場合には、周りとの調和の足りなさを指摘し、戒める意味もある。いずれも元の意味としては、周りより高く出過ぎている杭は、他のものと高さが同じになるように、打ち込まれてしまう。ということから生まれている。総じて言えば、人並より一段優れたことを誇示するようなことをすれば、人から疎ましく思われ、敵を多くし、結局は頭を打たれ、挫折の道を辿ることになりかねない。しかしながら、このことを強調しすぎると、「和」の思想を乗り越えて危機に挑むことが出来る有能な人材が育たなくなる恐れがあるので、この諺が障害にならないように配慮すべきである。

これに対し、欧米は日本とはまったく逆の社会であり、お互いの意見の対立や分権が認められているので、リーダーシップの種類や、経営リーダーの個人的・直情的・独断的な意思決定、タスク（対処すべき仕事）の選択の仕方が異なるのである。

第5節　日本の「ムラ社会」の特徴とリーダーシップ

図1－1は日本型ムラ社会の特徴について示したものである。これによると、ムラ社会は、共同体意識と家族的連帯意識が強く、①閉鎖的、②排他的、③警戒的、④非友好的などの特徴がみられる。ムラ社会の形成過程において、自給自足的な性格と全体的な統一性を明らかにすればするほど、一方で、外部世界との開放性は失われていくと言われている。他方、ムラ社会内部における構成員の凝集性と連帯感はさらに強固なものとなるが、逆に他のムラ社会に対し閉鎖的、警戒的、排他的、非友好的といった性格が強まると、同じ集団内部では構成員相互の結びつきや身内意識はさらに強くなるのである。この凝集性と連帯感の過度の高まりは構成員相互の甘え合い、もしくは寄りかかり合う「共感」の世界といった強い信頼関係で結ばれた社会を形成するが、その結果、他力本願的であるという特性がムラ社会内部に出来上がったと考えられている。

日本のムラ社会の住民は、家族・親族中心の小共同体をベースにした極めて排他的で閉鎖的な社会を形成している。

このような日本の伝統的な閉鎖社会では、個々のメンバーが尊敬されず、意見の対立も尊重されない。こうした社会構造の中では、なかなかリーダーシップを発揮しにくいという面がある。ただ、すべての日本人

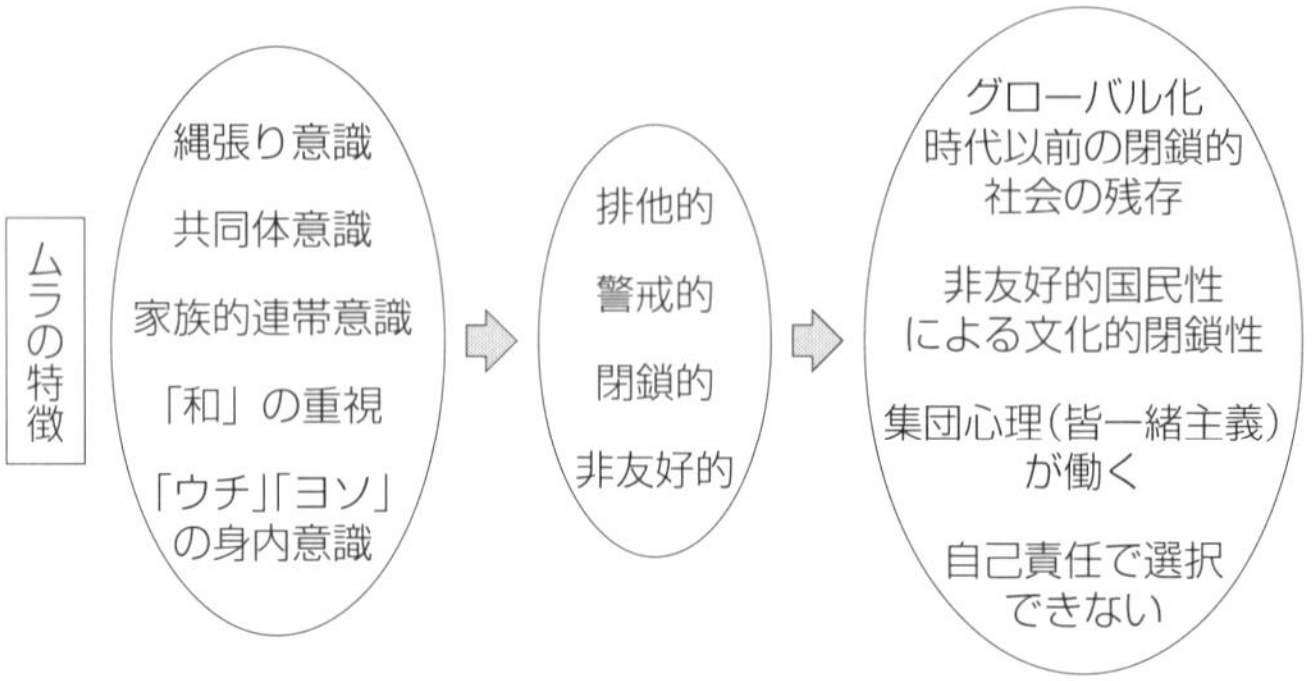

図１-１　日本型ムラ社会の特徴

出所：筆者作成.

は危機対応ができない、あるいはリーダーシップをとれない人間だとは言い難い。しかしリーダーシップを取ろうとする人に、強い抑圧がかかる面がある。ちなみに、リーダーシップというのは、そこにいるメンバーにとって、最も必要だと思われる課題を決めて、それを実行していくことである。それに対して権威システムは、皆のためのものではない。権威を安定させるために経営トップは命令を出しているのである。

一方、欧米のリーダーは、危機をチャンス（好機）と考える傾向がある。指導力を発揮できる絶好の機会だからである。欧米では、**リーダーには責任と説明する義務がある。**欧米のリーダーは、自分の決定に責任を持つ。それが誤っていると考えるのであれば、自分を解任すればいいという姿勢である。

ところで日本の社会は、組織や関係が変化することや、開放されたシステムは悪であるという前提に立っている。変化に対応するためには、人間の意識も変わらなければならないが、それを嫌うのである。欧米のような新しい社会では、社会は常に動いている生き物であると考えられており、変化に挑戦していくことがリーダーシップであると考えられている。危機の捉え方と、平時における変化を認めないことは、非常に密接に関わっている。

第2章　危機管理の障害と対処策
——危機発生時における「初動対応」がカギ——

第1節　危機発生時に「初動対応」が遅れる主な理由
——経営トップの「否認」と日本の「和」の思想が最大の障害に——

日本の企業内で危機が発生し、「**初動対応**」が遅れる最大の理由として、主に2つ考えられる。1つは、**経営トップが起きている事態を「否認」することである。**そしてもう1つは、**日本の「和」の思想の障害である。**

1　経営トップや組織は危機を「否認」する

1つ目の「危機の否認」において、**経営トップは危機の前兆を見逃したり、無視することが多い。**経営トップが危機を否認することは、社員やステークホルダーに不信感を募らせることになり、経営トップの無能さを露呈することになる。ちなみに、「**否認**（Denial）**とは、目の前の現実を認めようとせず、無視することである**」。従って多くの危機は、都合の悪い事実を信じたくないが故に個人や組織が否認したために起こるのである。

日本の組織のトップには「オプチミスト（楽観主義者）」が多くみられ、「最悪の事態を想定」した危機対応計画を立案するのを苦手としている。理想的なのは、組織のトップは「常に悲観的に、最悪を想定し、そのような事態が発生しないように防止・回避する」ことである。

「危機の否認」の次の段階で危機は目に見えるものとなり、認識せざるを得なくなる。ここで経営トップは危機の再評価を試み、危機を受け入れるが、自助努力で解決しようとする。そして、危機を組織のコントロールからは遠く離れたものとして捉え、自分には責任は及ばないと考える。しかしながら、第３段階において、経営トップは危機に対し、特別な行動をとる必要性を認識し、人材と必要経費を投入する。ここで問題となるのは、**危機の「状況認識**（判断）**」**が不十分で、行動が遅れてしまう場合がある。ちなみに「**状況認識」の失敗は、致命的な結果を招くことになる。ここで求められるのは、先入観を排除して客観的に全体状況を把握することである。過去の危機対応の失敗例では、その原因の多くは、「状況認識」の失敗にある。**

さらに第４段階において、「カネボウ」のように、美白化粧品で肌がまだらに白くなる「白斑」の被害者数の激増で、回収費用、被害者の治療費、慰謝料などの特別損失の増大による経営不振に陥る恐れ、または会社の従業員の生命を脅かすような組織崩壊に結び付きかねない段階に発展する。経営トップは、組織の目標

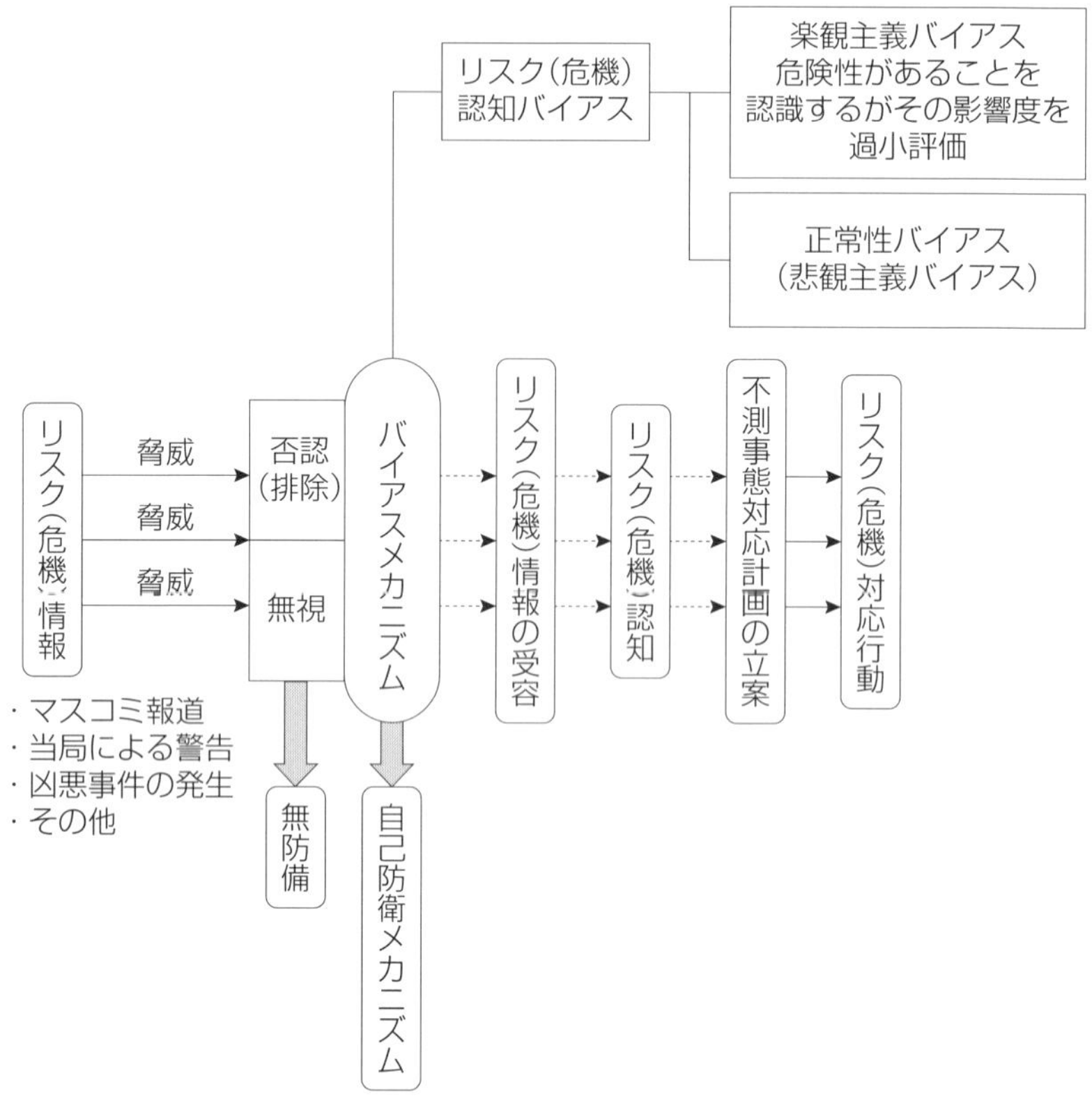

図2－1　リスク（危機）情報からリスク（危機）対応行動までの流れ

出所：筆者作成.

を自らの将来と関連付け、自信を失ってしまう。リーダーシップは、恐怖と誤った決断や行動、人材と必要経費の不足などによって麻痺してしまうのである。仮に組織が相当早い段階に危機の本質を的確に把握し、適切な「初動対応」がなされていれば、多種多様な危機のうち幾つかに対しては、それを回避することが可能となる。

■なぜ、危険（リスク）情報を否認するのか

図２－１は筆者が作成した「危険（リスク）情報から危険対

応行動までの流れ」を示したものである。これを要約すると、(大半の経営リーダーは)様々な危険(リスク)情報をリスク感性や危機意識の乏しさから否認し、無視する傾向が強く、危険(リスク)情報に関し無知の状態に陥る恐れがある。「危険(リスク)情報」があまりに重大で、それを受け入れる経営リーダーに大きな脅威をもたらすような場合には、自我の崩壊を防ぐ役割をもつ「自己防衛メカニズム」によってチェックされ、その「危険(リスク)情報」が排除されたりする。このように私たちに伝えられる「危険(リスク)情報」は篩にかけられたうえで選択的に受容されるのである。つまり危険認知バイアスにおいて(リスクが発生する)危険性があることを認識するが、その影響度を過小評価し、具体的な対応策を講じることは稀少となる。理想的なのは、「危険(リスク)情報」を悲観的に受け止めて事件や事故の危険性を認知し、不測事態を想定した事前対策を講じることである。

2　日本の「和」の思想の障害
――危機管理の最大の敵は「事なかれ主義」と「以心伝心」――

危機が発生して「**初動対応**」が遅れるもう1つの理由は、「事なかれ主義」と「以心伝心」に代表される**日本の「和」の思想の障害である。**東京電力福島第一原発事故でも政府と東京電力の「**初動対応」の遅れが炉心溶融(メルトダウン)を引き起こした原因の1つである。**その背景には、政府にも東京電力にも日本の伝統的な「和」の思想(原理)が障害になったと考えられる。

「和」の思想は、意見の対立を認め、個人の責任を厳しく追及したりする欧米型の危機管理手法とは水と油の関係に等しいといえる。つまり不幸にして**企業が危機に巻き込まれた場合、その「初動対応」や「ダメージ防止」には、日本的価値観や日本的観念は大きな障害となり、時と場合によっては組織崩壊に結びつくこともある。**ちなみに、日本的観念は、「和」の思想を重んじる日本社会で長い間経験した物事が積り重なって、頭の中で固定的に考えられるようになったものである。代表的なものに「**事なかれ主義**」や「**性善説**」などがある。「**事なかれ主義**」とは、解決すべき重要な問題が発生しているにもかかわらず、それを避けたり、あるいは見て見ぬふりをしたりして、関わり合いになるのを避け、決断をすることなく問題を放置する消極的な考え方をいう。つまり「**事なかれ主義」の人は、組織内で危機の前兆を発見しても現実を直視せず、真実を認めることを拒否するので、危機対応をしようとしない。**

日本社会にこうした伝統的な考え方が潜在的にあるため、「**評判を下げたくない、面子を失いたくない**」、**自己保身などのために平気で隠蔽を行ったりする。**つまり何事も平穏無事に物事が済めばよいという考え方なので、多数決などを取るときは、自分の考えを表に出さず多数の意見に賛成することが多い。

日本企業では、深刻な問題が起きても倒産しないという思いが根底にあり、問題解決による成果より、問題解決を推進したことによって波風を立てた人物が問題視され、ひいては役職を外されるだけでなく処罰される傾向がある。その結果、深刻な問題が放置されやすいという致命的な問題がある。

一方、日本人が世界に通用しにくい原因の1つだけでなく、危機管理に通用しない「**以心伝心**」とは、考えていることが、言葉を使わないでも互いにわかることである。日本人は自分がして欲しいことを明確に口にせず、言わずとも察することを以心伝心と称している。これは日本的な美徳とも言われるが、世界の人たちからは日本人の短所であるといわれている。

「以心伝心」は、リーダーが意思決定を誤り事態が悪くなった場合、自分が傷つかず部下に責任をすべて被せる最適な手段として用いられる場合が多い。「自分は正しく判断して意思決定したのに、部下が私の意思通りに動かなかったからだ」という責任逃れの状況をつくりだすことである。言うまでもなく、リーダーが最初から正しい意思決定などできるはずがない。とすれば、採れる方法は1つしかない。つまり、**「自分の意見を曖昧にしておいて、部下に勝手に解釈させる」のである。**部下の解釈が結果として正しければ、リーダーの手柄にできる。しかし、部下の解釈が間違っていれば、部下が自分の意見を正しく解釈できなかったからだ、と部下の責任にできる。こうした手法は、見方によっては無責任で卑怯なやり方のように思えるが、しかし、内側の人間の立場から見れば、誰にとっても歓迎すべき手法ということになる。このような手法の正当性を確立するために「**はっきりと口に出さないことが美徳**」という価値観があたかも不変の真理であるかのように語られるのである。ただし、以心伝心というテクニックで部下に責任を負わせることがいつも成功するとは限らない。リーダーとしての監督責任が問われるからである。しかし、**「部下に責任をなすりつけて自分たちは責任を取らない」という暗黙の了解が存在する場合は、非常に有効に機能する。**

第2節　「和」の思想と危機管理手法は「水と油」の関係

第1章第5節で述べたように、日本のムラ社会は、集団心理（皆一緒主義）が働き、自己責任で選択出来ず、縄張り意識、共同体意識、家族的連帯意識、「和」の重視、「ウチ」「ヨソ」の身内意識といった特徴があり、極端に「排他的」、「警戒的」、「閉鎖的」、「非友好的」である。このような閉鎖社会では、**個々のメンバーが尊敬されず、相手に対する名指しの批判は許されず、そして意見の対立も尊重されない。そのためリーダーシップを発揮することは非常に難しくなる。**

一方、欧米社会は日本のムラ社会とは全く逆であり、自分をできるだけ出る杭にすることが目的で、その激しい生存競争によって社会は発展している。しかし「個」ではなくて「集団」、すなわちムラが存在の中心である日本ではムラ社会において出る杭ははなはだ迷惑であり、それは打たれるのである。しかしこの杭が打たれる風潮が強いと、リーダーが育成されることは難しい。だからこそ、**画一的でないものを否定する風潮を変えるべきであり、組織をよい方向へ導く異物である出る杭を受け入れる価値観が重要である。**

現在、日本は多方面において転換期を迎えている。ボーダレス化された21世紀のグローバル社会においては「日本独自のムラの掟」は通用しないだけでなく、大きな害になっていることを肝に銘じるべきである。

表2－1に示した「危機管理に不可欠な要件」と危機管理の敵になる「日本のムラ社会の掟」によると、「日本のムラ社会の掟」はすべて危機管理には相応しくないものばかりであり、水と油の関係に等しいといえる。平時においてはムラの掟を守って利害関係者（ステークホルダー）の意向をよく聞き、時間をかけて落としどころを見計らって決定するのもよい。だが**危機事態においては、しばしば瞬時に判断し、即座に決定しなければならない。平時を想定した手続きやムラの慣習を、無視して決断を下さなければならないのである。そのためには職場の「ムラ社会の規範」を改善し、日本人の価値観をグローバル・スタンダード**（国際

表2-1　危機管理に不可欠な要件および日本のムラ社会の掟

危機管理に不可欠な要件：	危機管理の敵になる日本のムラ社会の掟
1）婉曲的な表現をせず，「私の意見はこうである」と強く自己主張する。はっきり否定する。	1）「こうなるのではないでしょうか」という曖昧で，婉曲な言い回しをする。 否定をはっきり表明しない。
2）1人のリーダーが権限をもって自己責任で指揮する（独断専行）。	2）「重大なことは1人で決定してはならない。必ず多くの人々とともに議論すべきである」という故事にならい，日本人リーダーは独断専行的な意思決定を嫌う。
3）何事に対しても疑う（疑問を抱く）。	3）相手を疑ったり，名指しの批判は許されない。
4）相手に対する名指しの批判は許される。	4）リーダーが責任を糊塗《こと》する。
5）危機発生後，原因を究明し，その当事者個人の責任を明らかにする。	5）個人の責任追及はせず，連帯責任で誰も責任をとらない。
6）問題な点を単刀直入に指摘する。	6）以心伝心を用いる。
7）意見の対立が尊重される。	7）意見の対立は尊重されない。

出所：筆者作成.

標準）**に段階的に変えていく必要がある**。まず「和」の思想の象徴ともいえる日本的な曖昧な言い回しを止め、「イエス」か「ノー」、つまり、否定をはっきり表明できるようにすることである。また「私の意見はこうである」という自己主張を認めることが大切である。次に、危機対応方針の策定にあたってお互いの意見の対立や分権を認めることである。特に重要なことは、危機発生の再発防止のための危機対応チーム（CMT）のスタッフの対応行動に関する評価では、間違った行動に対して厳しく注意したり、批判をすることを認めることである。そして**重要なことは危機対応中に相手に疑問を抱いたり、相手を疑うことを互いに認め合うことである**。

こうした点を否定すれば危機管理をスムーズに行うことに支障をきたすことを認識すべきである。

欧米のリーダーは、自分の決定に責任を持つ、それが誤っていると考えるのであれば、自分を解任すればいいという姿勢である。これとは逆に**日本人の経営トップの中には個人的な責任を果たさず、開き直って居直りをするのが多い。これは日本社会では歴史的に個人の責任を問うよりも、他のメンバーとの連帯責任を重んじるので、経営トップの個人レベルの責任問題は極めて曖昧になる。**従って、平時においてはともかく、緊急事態における危機対応に当たっては連帯責任制を全面的に廃止し、当事者個人の責任を追及できる環境をつくることが必要である。

企業は危機発生後、再発防止と教訓を得るために危機発生の原因を検証する必要がある。しかし日本企業は、東電の原発事故や過去に起きた大事故・事件に見られるように、余程でない限り個人の責任を追及することをしないのが社会通念となっている。個人の失敗を徹底的に調べるのは不愉快で、自尊心を傷つけかねないからである。本人の裁量に委ねれば、大半の人が、おざなりに済ますか、まったくやらないかのいずれかである。もう1つの理由は、企業組織で起こった失態を分析するには探求心と率直さ、我慢強さ、そして因果関係の曖昧さに関する寛容な態度が求められることである。いずれにせよ、経営トップの不測事態を予測・予防できる失敗、危機管理の複雑さに起因する失敗、知的な（危機対応のためのスキルや条件を欠き、特別な訓練も受けていないなど、能力不足に起因する）失敗の原因や経験をきちんと理解すれば、責任のなすり合いを回避し、失敗から教訓を得るための効果的な戦略を立てることができる。

こうした日本の伝統的な「責任のなすり合い」や「失敗の責任」を問わなければ、誰も本気になって一生懸命に努力をしなくなる。それ故に責任のとりかたを曖昧にする日本的な思想を一挙に変えない限り日本企業は半永久的に危機管理をスムーズに行うことは困難となる。

第3節　危機発生現場における「初動対応」の在り方

危機発生後、直ちに行うべきことは、**現場における「初動対応」である。**この段階では、多くの場合、まだ危機の全体像が見えていない。このように「初動対応」は最初から逆境の下に置かれているのである。しかし、そうした状況下でも、的確な初動対応をしないと、その後の対応に多大な悪影響を及ぼしかねない。近年では20年にわたり死傷事故を放置したガス湯沸かし器メーカーのP社や、エレベーターの死亡事故が起きた外資系企業S社などの「初動対応」が遅れて、その後の事態収拾に悪影響を及ぼした。つまり何が起きたかという説明が遅く、不誠実さばかりが目立ち、謝罪もおざなりだったのである。今後予想されるリスクの説明などがまったく不十分だったのである。

「初動対応」を成功させるためには、経営トップが責任逃れをせず、国民やメディアに対し事故・事件原因調査の状況を詳しく公表し、説明責任を誠実に果たすことである。また、経営トップの意思決定プロセスを短縮すること以外に、どんな困難な危機に対しても臨機応変な対応ができる人材と教育である。上層部から命令や指示がなくても、的確な判断を下せる人材を確保し、その人材に対して、組織の方針と現状について幅広い教育を十分に施しておけば大きな失敗を犯すことは避けられるのである。また、外部専門家の活用や有事に対する具体的準備を平時のうちにしておくことが不可欠である。

第4節 「最悪の事態」を想定した危機対応計画は背徳的か

前にも述べように危機管理の基本のうちで最も重要な目標は、〝最悪の事態に備えた（think about the unpopular）〟危機対応計画（「不測（緊急）事態対応計画」）を立案することである。これは**経営トップが常に悲観的に最悪を想定し、そのような事態が発生しないように防止し、回避することである。**企業は「最悪の事態」を想定せず、危機が発生してから考えるので時間がかかり、「初動対応」に失敗するのである。

「最悪の事態」を想定するということは、組織的または個人的な偏見などの理由から難しい場合が多い。特に、緊急事態の可能性がほとんどないような場合、危機対応計画の立案者や経営トップは、それを簡単に無視してしまう傾向がある。不祥事や事故が破滅的な結果を招くものであっても、発生の可能性が低いということで蔑ろにする。最悪の事態について考えることは、従来の認識をこえた客観性と前向きの気持ちが必要となる。

ところで**日本では、当事者が「最悪の事態」を想定すること自体が、背徳的とみなされる。**「そんな可能性まで頭に描いているのか」と逆に糾弾されてしまうのである。そのため多くの企業の危機対応計画が未だに「最悪の事態」を想定したものではないのである。

多くの日本企業の危機対応計画が「最悪の事態」を想定していないもう1つの理由は、わが国の警察庁や内閣府出身の元幹部官僚諸氏が出版物や講演会で**《企業の危機管理には「事前対策」や「最悪の事態」に備**

える必要はなく、万一、危機が発生しても「事後対策」ですみやかに経営トップが記者会見など「クライシス・コミュニケーション（危機広報）」が事態収拾の決め手になる》と断じていることが大きく影響している。しかしながら、こうした指摘は、確かに危機広報も大切であるが、危機管理の基本を無視した誤った考え方である。残念なことは、このような間違った考え方を鵜呑みにし、多くの企業関係者が未だに「事前対策」や「最悪の事態」を想定した「不測（緊急）事態対応計画」の立案を考えていないことである。特に経営トップにとって早急に改めなければならない最重要課題である。

米連邦危機管理庁（FEMA）の長官を1993〜2001年まで務め、「災害の達人」と呼ばれたジェームズ・リー・ウイット（James Lee Witt）氏は、自著書の中で、次のように述べている。

「危機防止計画を立てるとき、考えられる限り、「最悪の事態」を想定しておくべきだ。それが危機への警戒心を怠らないための鍛錬になるし、実益を伴う鍛錬にもなる」。

第5節　経営トップの「初動対応」の遅れが「最悪の事態」を招く

——米エクソン社の原油流出事故からの教訓——

1　「事前対策」の不備と「初動対応」の遅れ

【事故の概要】

1989年3月24日、世界第3位の巨大企業エクソン社（当時）所有のタンカー「バルデス号」が米アラスカ州プリンス・ウイリアム湾で座礁し、4万トンの原油を流出させた。そのため原油回収費用や集団訴訟で命じられた懲罰的賠償金などを含むエクソン社の負担総額は40～50億ドルと推定されている。この原油流出事故の原因は、バルデス号の船長の飲酒、船員の疲労、沿岸警備の不適切な交通整理によるものであった。

【検証結果】

——事前対策の不備と初動対応の遅れ——

エクソン社は、予測可能な原油流出事故に対する適切な災害対応計画を何も準備していなかった。また、流出拡大を防止する迅速な対応が適切に行われなかった。

エクソン社は、**最悪の事態を想定した不測事態対応計画**（Contingency Planning）**を準備せず、また事前に**

計画をテストしなかった。すべてが後手に回ってしまった。エクソン社はこの原油流出事故の規模と流出拡大の速さに圧倒されてしまったのである。この「**初動対応**」の遅れによって被害を最小限にくい止めることができなかったのである。**事故発生から最初の数時間、数日というのは、その後の数時間、数日よりも重要である。**これは事故発生初期の段階において対応を失敗すると、企業はその後非常に苦しい立場に立たされてしまうのである。なお、エクソン社は、原油流出事故発生から約6時間30分後に最初の公式発表を行い、そして18時間30分後に同社のアイアロッシ社長が初めて記者会見で原油流出事故の責任を認めた。

このような**大規模な事故においては、経営トップが積極的にマスコミに接し、現状説明や企業の対応法、そして責任問題を明らかにしなければならない。**エクソン社は事故当初から情報の公開を限定し、他の協力を拒み、また会長が辞職勧告に対してそれを拒んだことなどにより、一般大衆はエクソン社が責任を回避しているると認識したのである。危機広報では責任問題を明らかにすることは非常に重要なのである。

東京電力福島第一原発の事故でも事故発生後、経営トップが記者会見に出てきたのは53時間も経過してからだ。しかも、会見内容は計画停電実施の説明のみで、原発事故の説明は一切なかった。このような経営トップの無責任な態度に対し内外から厳しい批判や不満が相次いだ。

【事故からの教訓】

人々の心配、恐怖、疑いを静めるためのたゆまない努力が、事故の影響を最小限にするのである。エクソン社は原油流出事故による被害者に対し、同情的でなかったので、逆に事故による影響が拡大してしまった。

東電の福島原発事故でも発電所から半径30キロ圏内に居住する住民に対し避難指示が出て、約8万人が圏外の施設に集団で避難しているが、東電の社長が避難所を訪れて避難住民に謝罪したのは事故が発生してから40日後であった。

経営トップが素早く謝罪し、事実を認識して行動をとることは、多くの人を味方につけることができる。

(1) 対策本部又は危機管理センターへの通報

初動対応後、もしくはそれと並行して、危機発生を予め定められた危機管理センター又は、対策本部に通報しなければならない。その際、「何時、誰に、何を、どのような手段」で、伝えるか事前に決めておくことである。

(2) 危機発生の状況認識

「状況認識」の失敗が致命的な結果を招くことになるので、確かな情報に基づいて「状況認識」を正しく行うべきである。

(3) 脅威評価 (THREAT ASSESSMENT)

危機の状況を正しく認識したうえで、次に行うべきことは脅威評価である。**脅威評価とは、発生した事件や事故が、最悪の場合、自分の組織にどのような影響を及ぼし得るか、を検証する作業である。**脅威評価は、組織にとっての脅威の種類とその度合いを正しく評価するためには、内部要因と外部要因の両方について、正確かつ広範囲な知識が求められることから、組織内スタッフと外部の専門家との共同作業が望ましいのである。

(4) 危機対応方針の策定

策定された方針の適否が危機対応の成否を左右する。例えば、大震災への対応のように、すべきことが誰の目にも明らかであるように思える場合でも、現実の方針決定は容易ではない。「事務所や工場等（組織の施設内）での人命救助」「在宅社員および家族の救援」「組織機能の維持、復旧」とそれぞれ全く異なった性格の対応が緊急に求められる中で、経営トップはそれに正しい優先順位をつけなければならないのである。その判断を誤ると、被害が拡大したり、世間から批判を浴びることになる。

(5) 危機対応組織の構築

危機対応組織が持つべき必須機能は、

(1)　意思決定機能
(2)　対応機能
(3)　対応支援機能

なお、危機への対応とその支援の大半は、役員以下の対応組織のメンバーが分担することになるが、危機の種類に応じて、必要なノウハウが得られるよう、平時において外部とのパイプを構築しておく必要がある。

2　危機対応計画の策定方法

企業がある危機に直面した際に、直ちに適切な行動をとるために必要なことは、**経営トップが危機管理の**

必要性の認識を社内全体に浸透させたうえで、実効性のある危機対応計画を策定することである。この計画は、潜在的危機の発見・評価・緊急事態に対応するためのチームの組織化、実行計画の策定、教育、訓練、といったプロセスからなっている。

危機対応計画の骨格は、次に述べる9本の柱で構成されるのである。

(1) 危機の発見・評価

直面しているリスクは様々なものがあるが、自分の組織には、どのリスクにどの程度晒されているかを評価し、そのリスクに対して計画を立案するかを決めなければならない。

(2) 仮説の設定と方針の決定

リスク別にどのような事態が発生するか、具体的に仮説を立てる。

(3) 危機対応組織の設置

情報を収集して全体を指揮する危機管理対応チーム(CMT)を設置する。そこに対外発表を行う広報、活動資金の調達・提供を行う財務、総務管理、法務各部門の担当者を配置し、チームリーダーを補佐する。

(4) 各部門の責任者とチームメンバーの任命

各部門に責任者と担当者を割り当てることによって、いざ危機が発生した時に、素早い意思決定ができる。

(5) 情報伝達・指揮命令系統の確認

基本は指揮者と現場との直接連絡であるが、そうでない場合は、明確にしなければならない。

(6) 法律面による制約の確認

様々な法律や規制の壁がある。こうした法律がある場合に、どのように対応すべきかを、予め専門家を交えて検討しておく必要がある。

(7) 各部門の運営プロセス

危機対応チーム全体の運営方針と広報・財務・法務部門のスタッフの運営方針を策定する。

(8) 危機対応チームの教育・訓練

訓練は、最悪の事態を想定した条件のもとで、専門家の指導を受けなければならない。

(9) 危機対応計画のメンテナンス

危機が収束した状態は、次の危機に備えるための準備段階であると考え、危機対応計画を見直したり、常に、適切な再評価を行い、その結果を教訓として活かすことである。

3　危機対応マニュアル作成上の要諦

死者、行方不明者合わせて1万8000人を超える歴史的な大惨事となった東日本大震災。その悲痛な体験の中で問われたものは、緊急事態に対処すべく用意されていたはずの「危機対応マニュアル」が、ほとんど機能しなかった点である。

「危機対応マニュアル」では、まず、なぜ危機管理が必要なのかを説明し、次に、危機はあらゆる環境において避けなければならないことを強調する必要がある。また危機管理の責任者は、各部門の担当者の責任を明確にしたうえで、誰が、何時、どのような行動をとるべきかを明示しなければならない。なお、「危機対応マニュアル」を作成するにあたっての留意点は次の通りである。

(1) 危機管理の意義の明確化

危機管理の必要性と重要性について全従業員に正しく認識させる必要がある。

(2) 危機の評価

あらゆる危機によって企業が被るダメージを十分考慮したうえで、対処策を検討しなければならない。

(3) 内部情報の整備

機密情報を含む、財務状況・個人情報も普段から収集・管理しておかなければならない。

(4) マニュアルの内容

① 危機管理対応チーム（Crisis Management Team：CMT）の編成

危機が発生した場合、真っ先に必要なのが連絡網の確立である。そのために、CMTの担当部署と責任者を決定して、メンバーリストを作成して、予備要員のリストをも作成しておく必要がある。

② 情報の収集・伝達プロセス

危機発生時には、社内のあらゆる部門から、その部門の責任者やCMTのリーダーに情報が的確に入ってくる必要がある。そのために必要な情報項目と伝達方法を予め決めて明記しておくことである。危機に関する重要な連絡が社内外から入った場合、担当者がいつでも迅速に対応できるよう、連絡内容を書き込む緊急連絡シートを用意しておくことも大切である。

③ **行動手順**

危機対応マニュアルには、役割が異なるＣＭＴごとに、行動チェックリストを準備することが必要である。チェック項目は、次の通りである。

1　被害はどの程度広がっているか
2　次に発生しそうな危機は何か
3　経営トップがＣＭＴの責任者と連絡をとったか
4　危機管理センター（対策本部）の設置が必要か
5　警察署や消防署と連絡をとる必要があるか
6　被害者の家族と連絡をとったか
7　その他

マニュアルは、スムーズな危機対応を可能にするが、あらゆる危機に対応できるわけではない。つまりマニュアルは、万能でないことを肝に銘じるべきである。

危機的状況が収束したら、直ちにマニュアルについての評価を行い、問題点があれば改善する必要がある。また、何か変化が生じた場合もマニュアルの見直しが欠かせないのである。なお、ＣＭＴの役割と任務の詳細については大泉光一著『クライシス・マネジメント――危機管理の理論と実践――』（改訂版）同文舘）を参照乞う。

第3章　リスク管理と危機管理の基本
――運用上の違いについて――

第1節　リスク管理の基準
――リスク状況およびリスク対応の行動――

図3－1はリスク管理の基準を示したものである。これによると、リスク管理は、2009年に改訂された〝ISO 31000〟規定に沿った方法を実施することによって、「リスクの特定」⇒「リスク分析」⇒「リスク評価」⇒「リスクへの対応」の4段階のプロセスを経てリスクの低減化が図られる。これらのうちで最も難しく重要なのが「リスクの特定」である。大半の人は、「想定外であった」とか、「危ないとは思わなかった」といってリスクの特定が出来ないのである。

さて、リスクとはいったい何であろうか。リスクとは、一般的に人々が日々生活する際に発生する危険と、

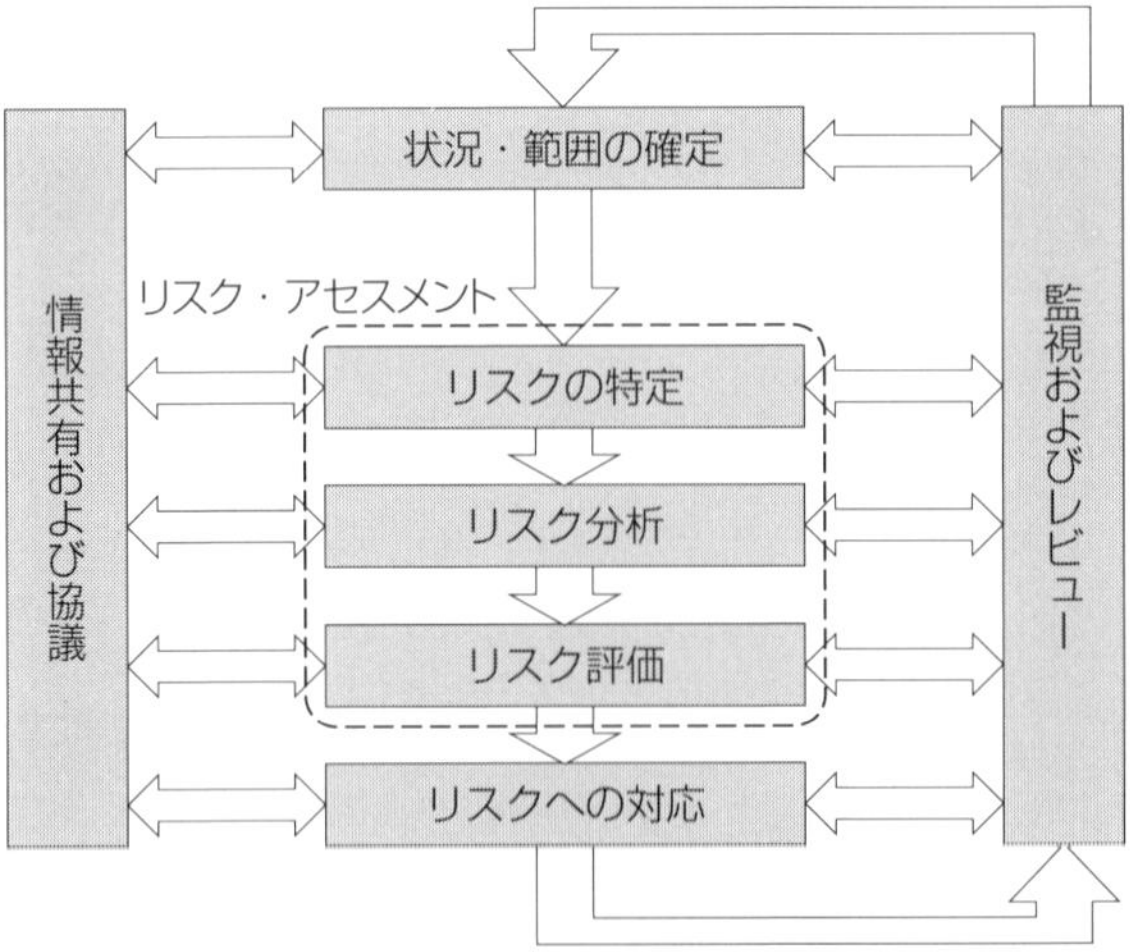

図3－1　リスク管理の基準

出所：ISO31000.

人々の社会経済活動にとって望ましくない事象の発生する不確実さの程度、および、結果の大きさの程度を表す、と定義されている。

第2節　リスクの決定要素
——時間不足、情報不足、管理不足——

図3－2はリスクの決定要素を示したものである。これによると、リスクの決定要素として、①**時間不足**（不確実な出来事が発生する前に選択しなければならない）、②**情報不足**（不十分な情報、信頼できない情報、予測できない情報、不十分な時間）③**管理不足**（自然の力不足、人間の能力不足、不十分な手段、不十分な情報、不十分な時間）の3つがある。

「**リスク時の行動**（**選択：リスク状況下の核心**）」において、多くのリスクの状況下では、人は実行可能な代替案を考えることが求められる。選択をする前にリスクそのものを変える余地がある。代案を選択することよりも、リスク状況

表3-1　リスク状況と行動の関係

リスク評価プロセスの段階	リスクの構成要素	
	潜在的損失の大きさ	潜在的損失の可能性
リスクの認識	損失の可能性は何か？	不確実性の根源は何か？
リスクの評価	可能性のある損失は耐えられるか，あるいは引き受ける価値があるのか？	可能性は対処する価値があるのか？
リスクの調整（事態を把握）	潜在的損失はどれくらいの程度なのか？	不確実性な出来事を，どのように防ぐことができるのか？
情報を入手	（金銭的な）損失はいくらか？	潜在的な損失はどの程度か？
時間を稼ぐ	時間の猶予は損失を減らすことができるか？	時間の猶予は不確実性を減少させるか？

出所：MaeCrimmon K. R. and Wehrung, D. A（1986）を参考に筆者が作成.

図3-2　リスク状況と行動の関係

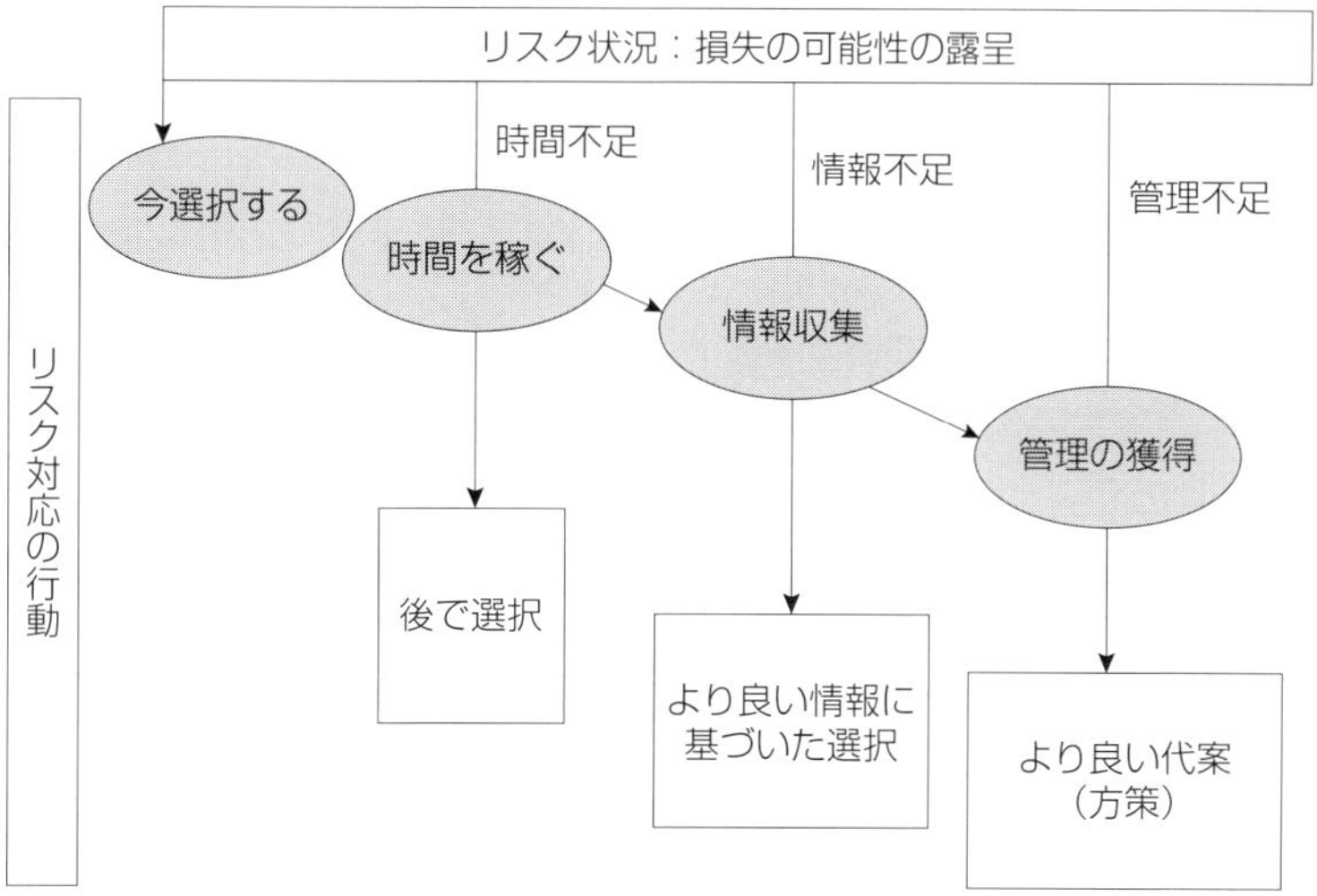

出所：MaeCrimmon K. R. and Wehrung, D. A（1986）.

を構築することが求められる。

次に、「**リスク状況の認識**」では、まずリスクが存在することを認識することから始める。明らかなリスクの状態、また金銭的損失は認識しやすい。リスクの知覚は、過去の経験、自分自身のスキルに依存する。一方、不確実性なリスクの認識では、①予測が不可能：なぜなら同じような事象が発生していない。②予測・予知可能：リスク発生の法則が知られている。③（部分的にあるいは全体的に）経営トップによって管理できる。

「**リスク状況の評価**」では、リスクの認識の後、経営トップはそのリスクに対する受容性について予備評価を行う。つまり、リスクの状況に飛び込んで行くか、それともリスクの状況に立ち向かうか、明らかに避けるかの判断である。

リスクを受け入れられないことが判明したとき、リスクから抜け出し、またリスク内にとどまることを決めたとき、リスク要素のある状況に直面する。

「**リスクの調整**」においてリスク行動を動的（積極的）および静的（消極的）の2つに分類することができる。

■動的：リスク要素を調整しようと試みる。リスクのある選択肢を選ぶ。

■動的なリスク行動：直面しているリスク状況を変えようと行動するか、あるいは選択肢そのものを変える。

■動的な人のリスクへのアプローチ

——時間をかけて情報を収集する⇓リスクの状況を変える

▩静的：選択肢の中からリスクのない選択肢、あるいは確実性のある選択肢から選ぶ。

▩静的なリスク行動：リスク発生時にリスクについて好きか嫌いかに応じて選択と選択肢を考慮する。リスク状況を調査しない。単に選択するのみ。

▩動的な経営トップの行動

⑴　企業の乗っ取りや経営統合において、リスクを調査している経営トップは、どの会社が乗っ取りや経営統合を狙っているか探るために、状況を調査する。乗っ取りをする会社に対して戦いを挑むことに対し怯むことはない。

⑵　リスクを高めるよりもむしろリスクを低める行動をとる。防御行動により乗っ取りの可能性を低めようと試みる。経営統合の相手企業との契約を働きかけることで、損失あるいは露呈の大きさを減らそうとする。

▩静的な経営トップの行動

⑴　他社からの乗っ取りに対して会社を守ることをまず考える。会社の株式を買い戻したりなどの、戦略的行動で自分自身の会社を守ろうとする。

⑵　自分が所有している株式を提示するかどうかの選択について検討する。これは提示された選択肢を選ぶだけである。

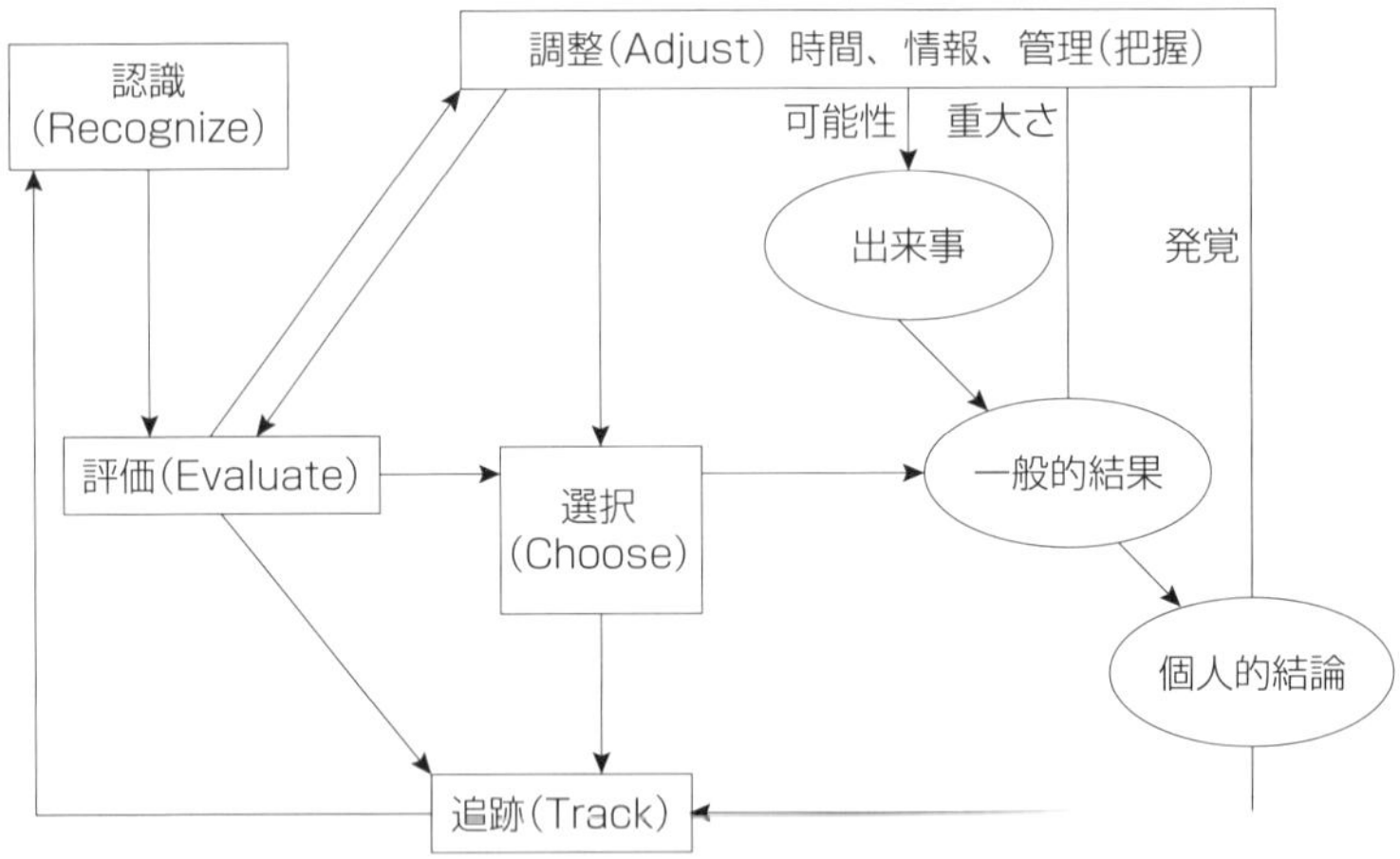

図 3－3　リスク管理の REACT モデル

出所：MaeCrimmon K. R. and Wehrung, D. A（1986）.

第3節　リスク管理のREACTモデル

図3－3は「リスク管理のREACT（認識（Recognize）・評価（Evaluate）・調整（Adjust）選択（Choose）追跡（Track））モデル」を示したものである。これによると、REACTにおける(1)「リスクを取る人」と(2)「リスクを避ける（嫌う）人」は次のような違いが指摘される。

	リスクを取る人	リスクを避ける（嫌う）人
■選択	リスクの高い代案を取る	リスクの低い代案を取る
■評価	直面しているリスクに対する認識が低い（リスク低評価および低認識）	リスクを高評価および高認識
■調整	直面しているリスクのある状況で情報を受け入れがち（楽観主義的）	最悪のシナリオを想定する
■追跡	リスクの変化についてぞんざいな注意しか払わない	リスクを減らすために考えられる努力を傾ける

第４節　企業のリスク分析およびリスク評価

企業のリスクをコントロールし、そのリスクが危機に発展しないようにすることは、経営リーダーの最も重要な責務である。

企業リスクを分析する場合、下記に述べる３つのリスク構成要素を考慮して行うのが一般的である。

① 損失の危険に晒されている程度

② 損失の機会若しくは可能性

③ 損失の規模

まず、損失の危険に晒されているということは、リスクのある行動をとるか、若しくは安全な行動をとるかどうかという基本的な行動である。例えば、テロ活動が活発化している国に直接投資をすると決定した場合、潜在的に損失の危険に晒されているという状況を受け入れたことになる。リスクのある選択をし、テロ活動が激化している国へ直接投資を行うことを決定することは、損失の危険の可能性を選択しなければならないのである。１００％資本投下による単独事業方式で多額の利益を得るのか、50％以下の資本投下による合弁事業方式でリスク分散するかを決定することが出来る。さらには、どのくらいの資本を投下するかで損失の大きさを決めている。

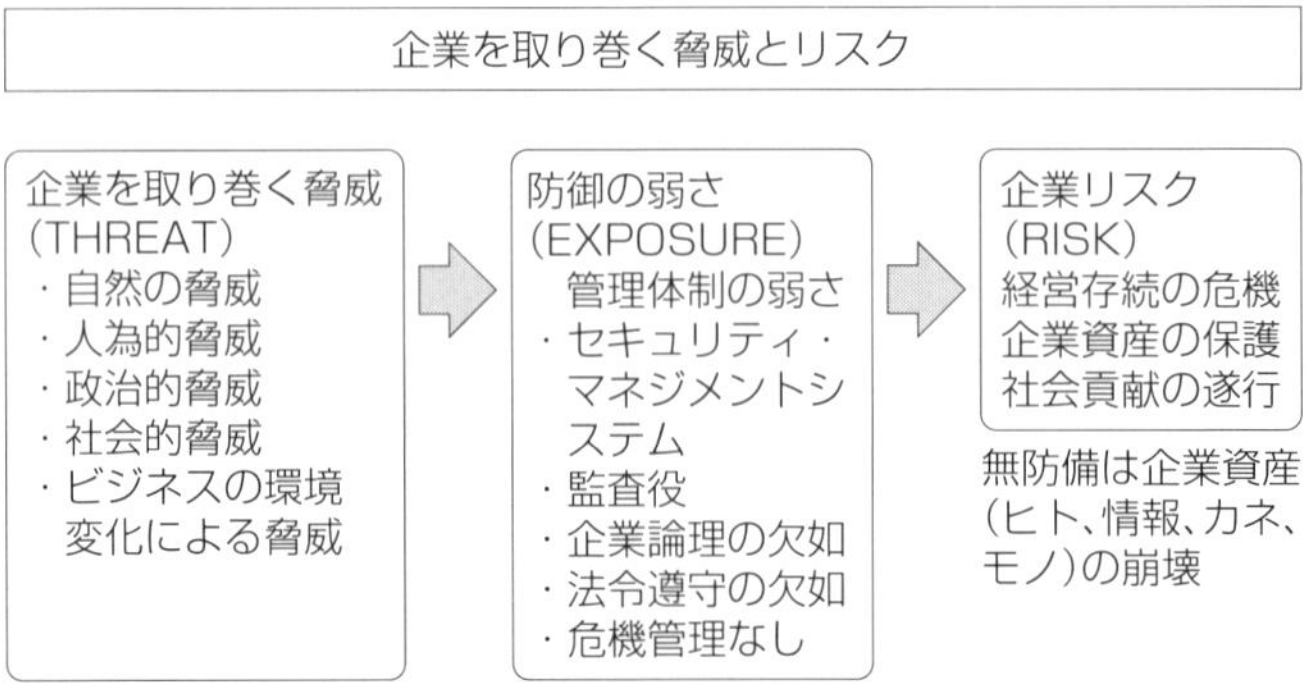

図3－4　企業の脅威の種類とリスク管理の欠如

出所：大泉光一『危機管理学総論』（改訂版），ミネルヴァ書房，2012年，147頁.

一方、リスク評価（Risk estimation）は、起こり得る事件や事故などをみるものである。包囲されたリスクと言うのは社会生活の中で任意に受け入れられているリスクのレベルである。私たちが受け入れている包囲リスク（ambient risk）とは、千分の一の確率で起こるような出来事のことである。例えば、仮に海外出張もせず、タバコも吸わないのであればリスクは減少する。リスク評価は、業務以外でも起こり得るものである。私たちは常に重大なリスクの中に身を晒しているといえる。リスク評価は、リスクが起きる可能性とその度合いを見極めることであり、危険に晒されている方向とか、危険に晒された結果などを見ることである。

リスク評価の問題は、個人がいかにリスクに対し敏感に反応するかという点である。反応は人によって各々異なるが、多くの人は、他人と同じ平均値をとろうとする。

第5節　危機に発展するリスクの種類

図3－4は、「企業の脅威の種類とリスク」を示したものである。

表３－２《企業経営上の主なリスクの種類》

①	経営者のリスク	リーダーシップの欠如，対株主責任の欠如 スキャンダル，経営倫理の欠如
②	債務上のリスク	株価の急落，投資の失敗，不良債権，M&A
③	組織・労務上のリスク	従業員の不祥事，パワハラ＆セクハラ，機密漏洩，従業員のスキャンダル，労働争議，不満人事，人材流出
④	市場変化のリスク	為替相場，金利変動，価格破壊現象，顧客の流出，円高・円安
⑤	技術上のリスク	技術開発力の低下，修理技術力の低下，R&D の方向性の失敗，欠陥製品（PL）
⑥	管理・施設上のリスク	施設の老朽化，火災，環境汚染
⑦	社外リスク	企業暴力，産業スパイ，知的所有権
⑧	海外リスク	暴動，革命，戦争・内乱，派遣社員の誘拐・人質，暴力的デモ，集団抗議

これによると、企業の存続を危うくする脅威の種類は、①自然の脅威、②人為的脅威、③政治的脅威、④社会的脅威、⑤ビジネスの環境変化による脅威の５つに分類することが出来る。またこうした脅威は、セキュリティー・マネジメント・システムの脆弱、企業倫理の欠如、コンプライアンス（法令）遵守の欠如、監査システムの不備、危機管理の未整備などによって、企業防御の脆弱や管理体制の脆弱を露呈し、最悪の場合は経営存続の危機や企業資産（ヒト、カネ、モノ、情報）の崩壊を招くことになる。

表３－２は企業経営上の主なリスクの種類を示したものである。これらのリスクのうちで深刻な危機に発展する恐れがあるのは、経営倫理の欠如やリーダーシップの欠如の「経営者のリスク」、従業員の不祥事や機密漏洩の「組織・労務上のリスク」、大規模なリコール問題に発展する欠陥製

品（PL）などの「技術上のリスク」、訴訟問題や莫大な賠償金の支払いを求められる環境汚染や施設の老朽化による大事故や爆発事故などの「管理・施設上のリスク」、さらに利益供与に結び付く企業暴力などの「社外リスク」、派遣社員の生命が脅かされる誘拐・人質事件などの「海外リスク」がある。

第6節　リスク管理と危機管理の基本的枠組み

1　リスク管理の基本概念

企業（経営）のリスク管理（Risk Management）はどのようにして損失を減らし利幅を大きくするかということである。上手くいかなければ途中で中止することもできる。しかしながら、危機管理は途中でやめることができないのである。この点が「企業（経営）リスク管理」と決定的に異なるのである。大震災やテロ事件、火事を放置すれば死傷者が容赦なく拡大する。早急に取り組んで損失を少しでも軽減しなければならないのである。可処分時間が限られているのに、危機はその都度異なり、過去の前例はあまり役に立たない。組織のリーダーが1人で難題に挑み、決断し対応すべきなのである。そこで重要なことはリーダーが何よりもまずリスク管理（Risk Management）と危機管理（Crisis Management）の基本の枠組みを整理して理解することである。前者のリスクとは、今後起こり得ることによって、価値あるものが失われる可能性があるもの、あるいは目的や目標の達成に悪影響を与えるものと言える。したがって、リスク管理とは、収益の源泉としてリスクを捉え、リスクのマイナスの影響を抑えつつ、リターンの最大化を追及する活動であり、リスクに適切に対応することで組織の価値を高めることを目的としているが、その対応を誤れば、組織の存亡に関わる危機に発展する。またリスク管理とは、企業全体としての株主価値の最大化を目的とし、財務的なリスクだけでなく主要なビジネスリスクと機会のすべてを管理するための前向きでプロセス思考のアプローチであり、監督機構の構築によるコーポレーイト・ガバナンスの強化、不測の損失への対応、戦略的マネジメントツールの導入などを目的とするマネジメントである（James Deloach, 2000）。

2　危機管理の基本概念

一方、危機（Crisis）の語源は、ギリシャ語の「決断」を意味する。危機とは「ある組織の存在意義が脅かされるような状況をいう」、あるいは「通常の活動に回復することが極めて困難な状況のこと」を指す。危機の定義はまだ確立されていないが、筆者がこれまで述べてきた危機の定義は、「一瞬にして人の生命や財産を奪う恐ろしい事象のことであり、個人の固定観念、主観、実在的なコアまでに影響を及ぼす崩壊のことである」。これに加え筆者は、新たに企業活動における危機を以下のように定義づけた。

「企業活動における危機とは、重要な企業目標が危険に晒され、その目標が達成される確率が少ないと個人が感じる状況である」。また危機は、個人が受け止める各種の変動要因によって定義される。個人の受け止め方は、状況によっても異なり、他人の受け止め方とも異なったものとなる。したがって、重要な企業目標が危険に晒されているというのも受け止め方次第であり、危機的状況が実際に存在するかどうかは関係ない。つまり企業活動における危機を定義することにおける部下の役割は、ある出来事が危機であるのかどうかを判断する状況である。

危機に関するこのような知覚的な概念の下では、危機は状況的要因だけによって認識されるものではなく、個人の問題、つまり状況に対する部下の受け止め方次第なのである。

危機は段階的にゆっくりと発展して行くものである。発展段階の初期に何らかの危機の前兆（プロドメス）を捉えることができれば、それだけ問題解決が容易になる。だが、不幸にして前兆を見逃したり、または故意に無視したり、さらに危機の兆候を発見しようとする努力を怠れば、危機が顕在化し、最悪の場合は組織崩壊を招くのである。

また、「**危機管理とは、時と場所を選ばず思わぬ形で発生する危機を事前に予知・予防することであり、万一発生しても、素早い「初動対応」で被害**（ダメージ）**を最小限に止めることである**」。危機管理の基本を要約すると、《平時における危機の認識と最悪を考えて事前の準備をする。そして想定外の事態が起きても被害を最小化すること》である。

3 「緊急事態」の基本概念

「**緊急事態**（emergency）」とは、事が重大でその対策・処理に至急を要する事態のことである。緊急事態の対象になるものは、工場の火災、化学有害物質や放射性物質の流出、突発的な大震災や洪水などである。緊急事態管理（emergency management）とは、これらの突然に発生する緊急事態に備える方策、あるいはそれに直接対処する方策を指すのである。これに対し、ある事件・事故が企業経営に根本的な影響や変化を与えるような脅威である場合、その状況が危機と定義される。また緊急事態とは、経営トップの即断・即決を要し、経営トップや担当役員への緊急報告を要する重大事態であり、主に次の3つを指す。

(1) 社員・従業員の生命に関わる事態
(2) 事業活動に直結する重大事件・事故
(3) 自社のイメージ・信用を失墜させる重大不祥事

なお、「**緊急事態**」の具体的内容は次の通りである。

緊急事態の種類	具体的内容
① 設備欠陥、公害等	■自社設備に人命に関わる重大な欠陥判明、自社設備に起因する重大な公害や事故発生
② 信用失墜	■自社の重大な法違反、社員の重大犯罪、スキャンダル、不祥事などで会社の信用失墜
③ 重大な死亡災害および感染症	■重大災害や感染症などにより、自社の役員・社員および顧客に多数の死亡者や重症患者が発生した場合、または発生・拡大する恐れがある
④ 自社への重要犯罪	■国内外で自社の設備および業務に重大な損害を及ぼし、あるいはその恐れのある爆破、放火、占拠、恐喝・脅迫などの犯罪が発生、または発生の恐れが極めて強い場合
⑤ 機密漏洩	■自社の利益に関わる重大な社内機密漏洩事件が発生
⑥ 海外における戦争・内乱等	■海外で自社の海外拠点の活動に重大な影響や派遣社員、家族の生命・身体に重大な影響を及ぼし、あるいはその恐れのある戦争、内乱、テロ、大規模災害等に巻き込まれるなどの事案発生
⑦ 製造物責任（PL）	■欠陥製品のリコール（回収・無償修理）問題

⑧	役員、社員への重要犯罪	■国内外で、自社の役員・社員の生命・身体に危害が及び、あるいはその恐れのあるテロ、誘拐、恐喝、脅迫等の犯罪発生、または発生する恐れが極めて強い場合
⑨	コンピューターダウン	■コンピューターのダウン、バックアップシステムの作動不能により、自社業務に重大な影響
⑩	自然災害リスク	■地震・津波・大水害などの被害
⑪	その他	

第7節　リスク管理および危機管理の運用上の特徴

表3－3はリスク管理と危機管理の運用上の相違点を示したものである。これによると、まずリスク管理のコンセプト（概念）は、「事前対策（Pre-Activity）」（別名称クライシス・コントロール（Crisis Control））である。つまり危機発生の予知能力の前提となる「脅威評価（Threat Assessment）」である。脅威評価とは、発生した事件や事故が最悪の場合、自分の組織にどのような影響を及ぼすか、を綿密に検証する作業である。脅威評価は、組織にとっての脅威の種類とその度合いを正しく評価するためには、内部要因と外部要因の両方について、正確且つ広範囲な知識が求められることから、組織内スタッフと外部の専門家との共同作業が望ましい。一方、危機管理のコンセプトは、突発的に起きる危機に対する「即時対応」の一言に尽きるのである。

次に、リスク管理の運用方法は、「事前予知・予測」のための予防措置および危機回避策を講じることである。これに対し危機管理の運用方法は、一定しておらず「臨機応変」な対応である。つまりその時、その

表3－3　リスク管理および危機管理のコンセプト，運用方法，意思決定の違い

	コンセプト	運用方法	意思決定	経費	経営トップの判断
リスクマネジメント	事前対策（脅威評価）	事前予測（予知·予防措置）	検討精査	費用対効果	組織の総意としての決裁
クライシスマネジメント	即時対応	緊急対応（臨機応変）	緊迫即断・即決	経費無制限	独断専行による決断

出所：筆者作成.

場に臨み、事の成り行きに応じて、適切な処置をとることである。ただ経営トップの中には、「自分1人で対応できる」と意気込んだり、また、「自分1人で対応しなければならない」と責任感過剰になったり、あるいは、その逆に重圧に耐えかねてパニック状態になって心の余裕を失わせ、臨機応変の対応ができない場合が多い。

さらに平時に行われるリスク管理の意思決定は、十分な時間的余裕を持って検討精査されるが、危機管理の場合は、時間的な制約、社会的および組織的プレッシャーの中で、多くの事柄に関して「緊迫即断」で行われる。

またリスク管理の経費は、「費用対効果」をベースに検討されるが、危機管理の場合は、危機を収束するために必要な費用をほぼ無制限で出費されるのである。そして、最も重要な経営トップの判断は、リスク管理は役員会などで十分な時間をかけて検討されるので「組織の総意」として決裁が行われる。だが**危機管理は、失敗すれば全責任を取ることを前提にして「独断専行」で行われるのである**。ただ、後述するが多くの日本企業の場合、組織内の「和」を重んじるため「独断専行」を嫌う傾向がある。そのため全役員に対する根回し等で時間を費やし、決断が遅れて初動対応に致命的な支障をきたすことになる。したがって、緊急事態においては経営トップの「独断専

行」が容認されるような環境作りが必要となる。

第8節　危機発生時のノウハウ

危機が発生した時の対応を成功させるためには、次の5つの要素が重要となる。

① **正確な状況認識**

② **適切な対応方針の策定**

それぞれまったく異なった性格の対応が緊急に求められる中で、経営トップはそれに正しい優先順位をつけなければならない。その判断を誤ると、被害が大きくなったり、世間から批判を浴びたりすることになる。

③ **経営トップのリーダーシップ**

④ **危機対応のために訓練された有能なスタッフ**

⑤ **必要なヒト、モノ、カネ、ノウハウ、情報を供給するための支援**

これらの5つの要素は、危機対応の最初から最後まで、あらゆる時点で重要な役割を果たし、どれか1つ欠けても危機対応は成功しない。これらの5つの要素を満たす責任は経営トップにある。少なくともすべての要素が満足いくレベルになり、体制が確立するまでは経営トップの直接の関与が求められる。

第4章　危機事態における経営トップのあるべき姿
――経営トップはペシミスト（悲観主義者）であれ――

欧米では国家や（企業）組織の危機事態に対し、1人のリーダー（指導者）が権限をもって自己責任で指揮し、事態収拾にあたる。そして危機発生後は必ず危機発生の原因を究明し、その当事者個人の責任を明らかにし、再発防止策を講じるのである。もちろん経営トップが危機の事態収拾に失敗すれば責任を負って自ら辞職することを慣例化している。もし経営トップが責任を負わないでポストにしがみついたりすれば株主から強制的に解雇されるのである。

第1節　危機対応を妨げる経営トップの間違った考え方

危機の定義がまだ確立されていないことについては、前に述べた通りであるが、危機を定義するうえで、危機発生の要因やシグナル（前兆）が無視されていることが多く、経営トップによってこれらが抑制されたり、誤った解釈をされたりしている。危機に対し、明確な指針があれば組織は自らの利益を守るために危機の本質について真剣な議論を行うはずである。多くの経営トップは危機の定義自体を十分に受け入れていることはあまりなく、危機を特殊なものとして胸の奥にしまい込んでいることが多い。さらに重要なことは、経営トップが独自の定義を堅持することにより、危機の原点がまったく無視されてしまうことである。その結果、組織内部に危機に対応する際の不満が募り、状況をさらに悪化させることになり、本当の危機が発生してしまうのである。組織が直面するそのほかの問題としては、自分たちの組織内には危機的な状況はないであろうという客観的な状況に陥ってしまうことである。そうした状況は、個人やグループがつくりだしているといえる。危機的な状況を間違って定義することは、悪い予言を実現させてしまうことになる。危機の無い状況から1つか2つの些細な原因が切っ掛けで、突然大規模な危機が発生し、産地偽装で経営破綻した雪印食品のように組織崩壊に結び付くことがある。

危機管理を妨げる経営トップの間違った考え方には次に述べる3つがある。

(1)　組織の特性によって危機は回避されるという考え方

(2)　周りの環境が組織を守ってくれるという考え方

(3)　危機そのものの特性によって組織には影響はないという考え方

まず(1)の組織の特性では、①組織の規模が我々を守ってくれる。つまり大企業だから、何が起きても大丈夫だという過信がある。②優れた管理能力を持った企業には危機は発生しない。③危機は他人（他社）にしか起こらない。④危機には特別な手順は必要ない。⑤危機が発生してから対応すれば十分である。⑥危機管理や危機の防御にはお金がかかるので贅沢である。⑦マイナス情報を持ってきた社員は罰せられるべきである。⑧社員は非常に献身的なので、疑問を抱くことなく信頼できる。⑨ビジネスの目的にはリスクを負うことも意義がある、などである。これらの間違った考え方のうち、⑤の危機が発生してから対応すれば十分であるという「後手の危機管理」の考え方は、日本企業ではまだ主流となっているが、近年、ようやく「事前対応」活動の必要性が認識されてきている。⑤の「費用対効果」の問題で、危機管理に必要な予算は決して後ろ向きの経費ではないことを経営リーダーは認識すべきである。⑦のマイナス情報を持ってきた社員を罰するということは言語道断であり、まったく逆の発想であって、マイナス情報を持ってきた社員に褒美を与えるようでなければならない。

第2節　危機発生時における経営トップの基本的な心構え

1　危機事態における経営トップの心構え

グローバル企業にとって発生しうる危機を事前に予測（想定）し、防衛策を講じ、事件・事故や甚大な災害に対処する能力を持つことが至上命題となっている。

企業活動における危機とは、緊急事態とは異なるレベルの脅威であり、何の予告もなしに突然発生し、正常な企業の経営に根本的な影響や変化を与える状況のことである。したがって、企業は、1つの事故や一連の事件の持つ潜在的影響やその波及度合を推測し、それによって被る被害の程度を評価することが大切である。

危機に備える第一のステップは、心の準備である。まず前兆を発見することから始めなければならない。次に、もしもの時はどうなるかということを想定すべきである。危機が表面化し、組織にダメージが与えられてから初めて危機対応を始めるというケースが多いのである。危機に備える第二のステップは、企業が通常の業務を継続する一方で、どのような種類の危機が発生しても、それに十分対応できる組織づくりや人材の育成をすべきである。

なお、**危機対応のための経営トップの役割**は次の通りである。

(1) 経営トップは危機対応のための基本方針に沿って的確な事態処理・問題解決にあたる。

(2) 経営トップの最大の責務は、緊急事態に臨んで的確の内容で的確な時期に決断を下すことにある。

(3) 経営トップが的確な判断を下すため、事実に基づいた情報収集に努め、事態を客観的に把握し、組織支配下のスタッグを縦横に活用することに努める。

(4) 経営トップが決断に迷うことがあっても、組織構成員に与える経営トップの影響の大きいことに鑑み、特に、冷静・沈着な態度に徹することである。

危機発生時における経営リーダーの最大の責務は、社員や部下に危機を克服する道具を与えることである。それには綿密な危機対応計画を立案し、試練に真向から立ち向う前後に時間をとって部下の士気を高めるために檄を飛ばし、コミュニケーション系統を見直すことである。

不測事態が発生した場合、経営トップは、「**事態の的確な把握**」、「**危機対応法の検討**」、「**危機終結のための実行**」の三段階で、それぞれ異なるスキルを発揮しなければならない。従来型の危機の場合、リーダーの権威と上意下達（トップダウン）の意思決定が三段階いずれでも適切であり、手順の基づく断固たる行動力が求められる。しかしながら、過去に一度も経験したことのない危機では、まず、「状況の把握」と「対応法の検討」に取り組むべきであり、「行動力」が、求められるのは第三段階だけである。

2　対応可能なことと、不可能なことの明確化

企業の危機管理で最も重要なことの1つは、過去の経験から得た教訓を活かした徹底した危機対応計画を備えて置くことである。その場合重要なことは、対応可能なことと、不可能なことを明確にすることである。例えば、船舶会社がフェリー船の沈没事故を起こした時は、事故発生後24時間がカギとなる。何よりも先に被害者家族との信頼関係とコミュニケーションを築くことである。最初の24時間を活かせなければ、事故を乗り越えることは困難となる。まず、事故発生の直後から状況を完全にコントロールすることに成功することに努める。沈没事故発生から数時間後には、乗客の家族が緊急な費用の支出が必要となることから、家族には「お車代」の名目で一時金を支払うようにする。乗客が死亡した場合は必要に応じて遺族の悲しみに対処するカウンセラーを派遣し、家族の沈没事故の現場訪問を手配し、船舶の手配を行う。それだけでなく、緊迫した状況においても、船会社のスポークスマン（広報担当）は、率直で正直な発表を行う。こうした対

応によって、被害者の家族、メディア、そして株主などと良好な信頼関係を築くことが可能となる。

第3節 「頻繁に起きる危機」と「新しいタイプの危機」の区別

危機を過去に何度か経験した「（頻繁に起きる）よく起きる危機」と過去に経験したことのない「（突発的（＝偶発的）に起きる）新しいタイプの危機」とに区別することができる。「頻繁によく起きる危機」には、定められた標準的な危機対応手順で十分対処できる。度重なる経験に基づいて直観的な対処方法や暗黙知を蓄積してきた。つまり**「頻繁によく起きる危機」には、命令（指揮）統制型のアプローチで臨み、階層的に組織を編成し、定められた手順を状況に応じて適用すればよいのである。**一方、過去に経験したことのないまったく**新しいタイプの危機では、命令指揮を避けて水平的に組織を編成し、メンバーが協力して状況の理解と対応策の立案に取り組むべきである。**こうした状況で求められるのは、**「臨機応変型のリーダーシップ」**の下で専門知識を結集することである。したがって、緊急事態時に直面した場合、経営トップは、次のような3つの行動をとる必要がある。

(1) 認識的な行動で、アナリストなどによる状況診断を行う。
(2) 現場の行動で、分析よりも暗黙知や経験が必要である。
(3) 政治的な行動で、経営トップが戦略の選択や混乱し不安に怯えるステークホルダー（特に、行政機関、取引銀行、株主、主要顧客など）を安心させるという役割に手腕を発揮する。

総じて言えば、危機が発生して問題解決に十分な力を発揮できる経営トップとは、その場の「状況」を察する「**知力**（**Contextual Intelligence**）」（**状況判断力および状況変化を察知する力**）に優れていて、どの決定を自ら下し、また何を部下に任せるかをわきまえている。とはいえども、不測事態発生（危機的状況）時に経営トップに求められるのは、危機発生前に予め危機対応体制を構築し、訓練を行い、緊急時に備えることである。

第4節　危機対応のための経営トップのリーダーシップ術

1　危機発生時における優先順位は何か

危機に対処する時、多くの経営トップは、すべての問題を一挙に元の正常な状態に戻そうとする。**危機に上手に対処するには、様々な決定をしなければならない。経営トップは調査や熟慮する時間的な制約と社会的・組織的なプレッシャーの下で、情報を収集、分析、評価、加工し、幾つもの意思決定を瞬時に下さなければならない。**事前に危機対応計画が立案されているかいないかに関係なく、危機が発生中に作業が停滞したり、人間関係が上手くいかなくなる場合がある。その時、**経営トップにとって何が最も価値あるものかさえはっきり分っていれば、危機に対処するための決定を下すことができる。**そして経営トップにとって絶対に失いたくないものは何か、会社のイメージ低下か、長い年月をかけて教育訓練し、育成してきた従業員たちか。会社が開発した技術ノウハウだろうか。長年築いてきた人脈だろうか。これらの問いに即答できなくてはいけない。この答えを出すために災害医療現場でのトリアージ（負傷者選別の優先順位）の概念を取り入れて、自分の会社にとって何が最も大事であるかを知り、プライオリティ（優先順位）を決定することである。そしてそれがこれから下す決定にどう影響するかを予測することである。危機対応計画を立案する段階で、経営トップが1人でこうした決定を下すわけではないことをよく覚えておくべきである。

なお、経営トップの望ましいリーダーシップには、(Ⅰ)ソフト・パワー、(Ⅱ)ハードパワー、(Ⅲ)ソフト／ハードパワーを組み合わせたスマート・パワーの3つある。まずソフト・パワーの社会的知性には、①自己認識力、②自己抑制力、③人間関係を円滑に維持する能力、またコミュニケーション能力には、説得力、隣人および外部の相手に対する影響力、そして、ビジョンでは大胆な構想の企画力などがそれぞれ求められる。次に、ハードパワーでは、組織運営能力と戦略家としての能力がある。前者は、報償や情報を上手く使いこなす力と外部組織との関係調整能力である。後者は、脅し、交渉を巧みに行う才能および有利な協定を締結・維持する能力が求められる。さらに、スマートパワーでは状況判断力である。これは状況変化を読み取る力、時の流れに乗る力、状況や部下のニーズに合わせた適応力が求められる。

2　内部コミュニケーション
――「マイナス情報」は即時に経営トップへ――

危機が発生し、事態が深刻だったり、深刻になりそうにもかかわらず、経営トップが気づかないふりをしていたら、部下たちも必ず同じ態度をとる。そうならないように部下に危機準備態勢をとらせ、油断しないようにさせることである。危機防止計画を立案するとき、考えられる限り、「最悪の事態」を想定しておくことである。それが危機への警戒を怠らないための鍛錬になる。また事前に経営トップができる危機対応の限界を見極めておくことである。そしてその限界を部下に知らせ、彼らにもそれぞれの限界を見極めさせることである。全員の総力をあげてもまだ対応しきれないとわかったら、その時は危機対応計画を見直すべきである。

経営トップは、部下たちに対し、危機発生中はコミュニケーションは選択肢の1つではなく、必要事項であることを周知させておくことである。危機に際して部下が真実を報告するとき、最大の障害になるのは、本当のことを報告すると、危機終了後に咎められるのではないかという恐怖心である。正確な優れたコミュニケーションが抑えられることがないようにすべきである。つまり、**「マイナス情報」が発生したら、直ちに経営トップに伝えなければ左遷される。積極的に報告すれば経営トップは喜ぶような社内環境が整っていれば、情報はたちどころに経営トップに上がっていくのである。**この仕組みがないから、後述するカネボウ化粧品や雪印乳業のような問題が起きるのである。すべての社員は経営トップの喜ぶことをしたがるが、逆に喜ばれないことはしたくないのである。これは組織人として当然のことである。それ故に、何か深刻な事件や事故が発生した際に経営トップに「マイナス情報」を伝えると、途端に機嫌が悪くなる、ということでは部下は情報を伝えなくなるのである。例えば、清涼飲料水メーカーで健康への影響はないものの、ジュースに異物が混入したことが発覚したときに、**経営トップが「そんな細かなことまで、いちいち報告するな」**

と怒鳴ったとする。消費者が訴え出てマスコミに騒がれ、企業イメージが低下して大変なことになるかも知れないので、部下は報告したのである。しかしながら、「こんな報告をすると経営トップの機嫌が悪くなる」と言って「マイナス情報」を現場で揉み消してしまうのである。結局、「マイナス情報」は上下双方に流通しないと、企業は危機対応ができないのである。

またコミュニケーションは、記憶に頼ってはいけない。マスコミ機関が経営トップよりも先にすべての情報を入手していたら、窮地に陥ることになる。人は危機に直面すると、誰が、何を、何時、どうやって、なぜ、あらゆる情報を報告しなければならないのかという、最も大事なことを忘れてしまうからである。**危機に遭遇した時は、記憶に頼らないことである。最善のコミュニケーションは、トップダウンとボトムアップの双方向で、スケジュールにしたがって行うことである。**最新情報を、危機対応の進捗度合いに関係なく、定期的に提示することが重要である。そして情報の更新は迅速でなければならない。

経営トップは部下には、危機対応計画を変更すべきかどうかについての意見や評価を簡単に述べる機会を与える。そうすれば部下たちは、彼らが考えている優先順位、彼らが必要とする物資、現在は、危機発生から危機終了までのどの段階にあるのか、危機対応にあたりこれまでどのような障害にぶつかったか、今後、ぶつかりそうな障害は何か、などである。

3　危機管理対策費は「価値ある無駄」の考えで

「最悪の事態」に備えた危機管理の計画立案には、人手や莫大な経費が掛かる。しかし企業の存続を維持するための必要経費であることには変わりはない。万一の場合に備えて経費をかけて事前に準備して、仮に何も起こらなくても「何も起こらなくて良かった」と、喜んで**「価値ある無駄」であることを理解することが重要である。**

世界百数十カ国に生産・販売拠点を持つ**ＩＢＭ社は毎年総売上の5～10%をリスク対策費や危機管理対策費を必要経費として予算計上していると言われる。**「東日本大震災」直後に東北地方全域で軒並みガソリン燃料不足に陥った。その際日本ＩＢＭ社は、万一に備え備蓄していたガソリン燃料を自社のタンクローリーで東北地方のユーザーにサービス供給したと言われている。それに比べ世界37カ国に生産拠点を持つ日本の自動車部品会社「Ａ社」の年間の危機管理対策費は総売上の僅か約０・００９％（約５５００万円）に過ぎない。安全への投資は、危機がなければ無駄になり、非効率と考える日本企業は、目先の事だけにとらわれないで社員の生命と財産を守り、組織の存続のためにＩＢＭ社のように必要な投資を怠るべきではないのである。

ところで、欧米社会における国家や企業の危機管理の責任者（リーダー）は、危機収束のために全権限を付与され、その処理の成否に関して責任を課される。したがって、危機管理の責任者は、絶大な権力行使を発揮し、直情的・独断的な意思決定が当たり前となる。対して日本企業の場合、段階的アプローチの意思決定が当たり前となっており、その上、意思決定にとって好都合な情緒的・社会的雰囲気を醸成するため時間的なロスが大きい。そのため初動対応が遅れ最悪の事態を招くケースが多いのである。

第5節　危機事態における経営トップの「10の判断基準」

危機の性格は、時間の経過とともに変わっていく時間との勝負である。その渦中において、経営トップは何を考えるべきか。ここでは10の判断基準を列挙してみる。

(1) 危機が重大であるか否かの判断

危機の重大性の判断を誤ると、初期対応を遅らせ、被害をますます拡大させることになる。東電福島第一原発事故では、政府の場当たり的な対応で事態収束を遅らせたと、批判の的になった。トップの存在意義は、その災害の重大性への認識が早いか遅いかで決まる。希望的観測や思い込みで、重大性を判断してはいけない。

(2) 危機が長期化するか否かの判断

その災害や失敗の影響が長引くか否かの判断である。M9・0の地震であれば、復旧が長引くことが明らかである。もし甚大な災害や過誤が生じた場合、解決や復旧までに時間を必要とする要素は何か、状況に照らし合わせて、事前に洗い出しておくことが必要である。

(3) 危機の因果関係を把握できるか否かの判断

危機の発生原因と結果が分からないと被害を大きくし、解決までの時間をいたずらに長引かせることになる。テロや不買運動などの場合、標的にされた理由が分からなければ、初動対応すら満足にできない。因果関係をすぐ把握できるか、把握できるまでに時間がかかるのか、それを見極めることが非常に重要である。

(4) 危機が拡大するか否かの判断

危機が発生して判断を間違うと、対処を遅らせる原因となる。危機的状況が拡大するかどうかの判断は、想定リスクに対する経験の積み重ねと、豊富な感性が決め手になる。

(5) 一時的な対応で済むか否かの判断

これを間違うと、最終的な解決を遅らせることになる。自分が起こしたトラブル、スキャンダルには早期対応、持続的なフォローアップが必要である。一時凌ぎの対応で済むとの勘違いが、抜本的な解決を遅らせた例が多いのである。危機管理ではトラブルが発生するまでにかかった時間をトラブルの解決にもかけるのが基本である。その覚悟を決めて、事態に対処すれば、結果的に早期決着することもある。

(6) 危機そのものに「バイアス」がかかっているか否かの判断

これによって、経営トップは危機対応の中身を大きく変えなければならない。

(7) 危機を乗り越えてサバイバルの道があるか否かの判断

米国では、欠陥製品（ＰＬ）の販売によって、企業の屋台骨が揺らぐことがある。日本企業もトヨタやホンダのリコール問題や湯沸かし器のパロマ工業が真っ先にこの判断を下さねばならなかったのである。

(8) **自分に責任が及ぶか否かは、経営トップの人生の中で重要な判断となる**

「トップたる者は責任を逃れることは絶対にできない」と、まず認識すべきである。

(9) **その他組織との協力関係を築けるかどうかの判断**

(10) **他人を巻き込むべきは否かの判断**

基本的には他人を巻き込むべきではない。すぐ他人に責任を転嫁すると、後にトラブル再発につながる。

以上、述べた10項目の判断基準に従って意思決定を行えば、トップリーダーはどんな危機に遭遇しても、正しい指針を示すことができる。

第6節　危機事態における経営トップの行動指針

危機的状況において、経営トップが率先して行わなければならない対策は以下の通りである。

(1) **情報管理**

情報収集・発信は、経営トップが危機対処するための基本である。組織内の情報管理システムは、平常時・緊急時に適切な情報を収集し、提供し、指揮命令を伝達する組織がそのチャネルである。いわば全システムのブレイン、神経であって、その意味で非常に重要である。情報活動は、①情報収集（情報の蓄積・編集）②情報の分析・評価して予測を立てる（情報の分析評価および予測）③その評価をもとにして加工した情報で具体的な対応策を考える、という3段階から成り立っている。

(2) 危機広報（クライシス・コミュニケーション）

危機広報は、一般消費者など周囲の誤解をなくし、企業イメージを低下させないためにも積極的に進めることである。ただ、マスコミ対応で失敗すると、経済的損失だけに止まらず、一般大衆の支持を失い組織崩壊にまで発展する恐れがある。突然、事件・事故や災害が起きると経営トップがパニック状態に陥って、責任を回避することだけで一杯になり、マスコミとの会見における説明が二転三転したり、事実関係を確認しないで話したりする場合が多く見られる。

危機広報の原則は、①出来るだけ早く、できるだけ多くの事実を公表する、②経営トップが事態収拾に直接参加していることを示す、③嘘をついたり、隠蔽しない、④経営トップが誠心誠意反省を示し、過失を率直に認める、などである。

(3) 顧客対応

顧客への対応も誠意をもって、トップ自身が直接行うことである。

(4) リスクシナリオ

それは進行中の危機の分析と将来的変化の予測、および対応策であり、これがあると効果的な現場指揮ができる。

(5) 早期謝罪

危機が拡大すると判断したら、その内容によって早期に謝罪すべきである。パロマ工業が80年代につくった瞬間湯沸かし器で、排ガスを室外に出すファンが動かず、一酸化炭素中毒事故が85年から05年の間に17件起きた。15人が死亡し、19人が重軽症を負った。パロマの経営トップは記者会見で、「製品には問題ない」と語って、事故の責任を逃れ、犠牲者へ謝罪をしなかった。その後、同社の社長は業務上過失致死の容疑で逮捕され、起訴されている。

危機を引き起こしたことが明らかな場合には、**経営トップは、記者会見の場で謝罪表明をすべきである。仮に法的責任が無い場合でも、取引先など関係者に迷惑をかけたり、世間を騒がせたことに関して素直に陳謝すべきである。**これは（企業）組織の社会的責任でもある。謝罪表明を行わないと、記者会見の雰囲気が険悪になり、否定的な報道をされてしまう恐れがある。

(6) 早期復旧

危機の渦中で大切なことは、早期復旧への道筋をつけることである。このためには経営トップが采配を振って、場合によっては今までのやり方をがらりと変える、といった決断も必要となる。

(7) 代替手段の早期選択

(8) 主義・主張の貫徹

柔軟性も重要であるが、客観的なデータに基づく主義・主張を貫徹することは様々な利害関係や意見が存在する中で、企業がサバイバルを図るためには不可欠である。主義・主張の貫徹については、経営トップが第一義的に責任を負わない限り、他に負える者はいないのである。

⑼ パニックの防止

パニック（急激な混乱（恐怖）状態）は、思考停止状態になったり、自分だけが助かろうとあがいたときに起こり易い。パニックを防ぐには、日頃から自分の出処進退を心に言い聞かせておくことである。

⑽ 非規則化の徹底

危機の種類によっては、その渦中において経営トップが狙われることがある。出社時間、帰宅時間、通勤経路などをばらばらにする非規則化は日頃から心掛けねばならないが、特に狙われる兆候があるときは、一層徹底する必要がある。

第7節　経営トップはペシミスト（悲観主義者）であれ
――悲観的に準備し、楽観的に実施せよ――

日本には昔から人の死体だけでなく、牛馬や鳥獣の死体処理人は、社会に不可欠の存在にもかかわらず、これを汚れたものとして、忌み嫌ったり、差別したりする悪しき習慣がある。この汚れたものを避けたり排除したりする意識は、神道の清浄観に由来し、さらに仏教が身分差別を持ち込んだためと言われている。神道の清浄観は、熱帯モンスーンの影響により夏場（梅雨時期）の湿度が高く、物が腐敗しやすいという日本の気候・風土から自然発生的に形成されたと考えられている。原始仏教はヒンズー教徒の身分制度を否定し、平等観を打ち出したが、日本へ伝来されて広まる中で、逆に仏教が差別秩序をつくりだした。この仏教観下において、最も人々に嫌われたのが人の死体や牛馬や鳥獣の死体の処理をする人たちであった。そしてこの死に関わる仕事は、中世、近世を通して最も差別を受けた職業であった。その結果人々の意識の中に「死」に結びつくことを避けたり、タブー視する傾向が強く植えつけられたのである。

日本人は、このように死に結びつくこと、自分に降りかかってきそうな悪いことや嫌なことを極力避けたがる。また失敗や醜聞・悪事などが外部に洩れないように、安易で、しかも一時凌ぎの手段で揉み消しや隠蔽しようとする。言い換えれば「臭いものには蓋をする」のである。そのため日本の社会では失敗の原因を突き止めてそれを開示し、教訓として活かそうとしない。それ故同じ失敗を繰り返し、その都度人的・物的被害を蒙っているのである。大事なことは二度と同じ失敗を繰り返さないためにその教訓を他人と共有することである。欧米の有力企業が経営破綻したり、事業で失敗した場合、大学やシンクタンクの研究者らがその企業の経営破綻の原因や事業の失敗の要因などについて徹底分析し、そこから必ず教訓を引き出して活かすことを慣例化している。もちろん失敗からの教訓は事例研究（Case Study）を通して広く公表される。

一方日本の場合は、過去にオーナー経営者の放漫経営による巨額負債を抱えて倒産した有力企業や日本の代表的な有名企業の海外事業の失敗の事例など数えきれないほどあるが、その殆どが一般に公表されていない。これは企業イメージが低下する、経営リーダーの無能さが露呈され、経営責任が問われる。株価に悪影響を及ぼすなどが主な理由である。

ところで、日本は原子力発電所の建設を推進するため、国も電力会社も一貫して原発の安全性を強調し、放射能漏れなどの深刻な事故が発生した場合の**最悪の事態に備えた危機管理対策を怠ってきた。**原子力関連施設事故の重大さの国際的尺度の「レベル7」の原発災害による最悪の事態とは、原子炉の爆発による放射性物質（いわゆる死の灰）の大気圏への大量放出で人体、農畜産品、水産品、貯水池、環境に数世代・数百年にわたって深刻な影響を及ぼすことである。こうした最悪の事態を予測し、**このような事態を避けるために事前対応**（**第二案の準備、代替え機器の準備、危機対応のための訓練などを含む**）**が重要となる**。

また、「東日本大震災」の影響で多くの自動車部品メーカーが被災し、操業停止に追い込まれたため完成車の生産ストップという事態にまで発展した。つまり被災した企業が「最悪の事態」に備えたリスク分散や代替え製品の準備などを怠ったため、完成車メーカーが長期間に亘って生産再開ができなかったのである。

一方、米多国籍企業の海外事業でも、利益の追求とコスト削減で十分な安全対策費を掛けて「**最悪の事態」に備えなかったため、世界最悪の産業惨事と言われるインドにおける殺虫剤製造工場の致死性毒ガス漏洩事故を起こしたユニオン・カーバイド社の事例がある**。事故は84年12月に発生。89年に同社はインド政府と4億7000万ドルの賠償金支払いで和解したが、最高裁で現在も審理が続いており、補償に不満を持つ住民は米国に住む当時の経営トップのインド当局への引き渡しも求めている。

エリクソン社の社長に限らず、欧米のリーダーのようなペシミスト（Pesimist：悲観主義者）に属する日本人リーダーは極めて少なく、大半はオプチミスト（Optimist：楽観主義者）が多い。そのため、なかなか悲観的に準備することができないのである。情報分析や作戦を立てる幕僚（リーダー）はペシミストが良いといわれる。作戦実働部隊はオプチミストでなければならない。

第8節　経営トップとは「決定を下す人」
――意思決定に不可欠な情報収集活動――

企業の緊急事態発生に伴う意思決定には判断材料が不可欠である。意思決定の諸段階に先立って、まず何よりも重要な判断材料となる危機関連の情報収集が必要であり、判断材料となる情報を意思決定前提という。意思決定前提には「事実前提」と「価値前提」がある。「事実前提」とは、「～すると～なる」という事実関係を示す判断材料である。「事実前提」は科学的に、経験的に確かめることができる。これに対して科学的および経験的に確かめることができない「価値前提」とは、「望ましさ」「正しさ」を示す判断材料である。経営トップまたは代表権を持つ危機管理担当役員が行う意思決定は制限された合理性のもとでなされるため、完全に合理的な意思決定とはいえない。危機管理担当役員個人の意思決定の合理性を向上させるためには、組織の力が必要となる。

危機が発生してその問題を解決するための判断、行動の成否は入手した情報の質、量およびその情報の解析力に掛かってくる。平常時の危機管理担当役員の重要な任務は情報の収集、解析および適宜な提供にある。

危機に際しての情報の収集・発信において、最も重要な要素は適切な危機対応を決定するのに必要な情報を意思決定者（経営トップ）に提供することである。そして決定された対策を実働部隊に正確に伝達することである。

危機対応は、時間との勝負である。したがって、直ちに洗練された情報が必要であり、何をどの時点で連絡するか事前に決めておくべきである。また情報の送付先を明確化することである。収集した情報をどこの誰に送るべきか事前に明確にしておくことである。さらに経営トップへの通信手段の確保である。経営トップには24時間体制でいつでも瞬時に連絡できる体制を整えておくことが重要である。そして被害波及のシナリオを事前に想定しておくことである。これらの点を実行することによって、経営トップの意思決定が一枚岩になり、危機をスムーズに処理できる意思決定ができるようになる。なお、危機管理に関する意思決定のステップは、危機を診断し、危機の解決策の諸策を考え、その有効性、重要性を予測し、その結果、諸策のうちからベストの策を選択することによって行われるのである。

不測事態の発生時における意思決定には、トップの主観性や客観性による判断が極めて重要となる。ただ、主観性には、経営トップ個人の性格が影響する。また、主観性には、一方に偏った見解を示す偏見と当初からの思い込みの先入観や家庭環境、宗教、社会規範などの過去の経験が影響を及ぼす。

総じて言えば、危機管理に関する経営トップの意思決定のステップは、危機を正確に診断し、危機の解決策の諸策を考え、その有効性や重要性を予測し、その結果、諸策のうちのどれかを選択して実施することである。

欧米企業の危機管理では、絶大な権力行使を発揮し、直情的・独断的な意思決定が当たり前であるが、日本企業の場合、段階的アプローチの意思決定が定着しており、その上、意思決定にとって好都合な情緒的・社会的雰囲気を醸成するため時間的なロスが大きい。そのため初動対応が遅れるのである。日本人リーダーは、特定の利害に公然と左右される。

第9節　危機対応において求められる経営トップの資質
――知力、説得力、耐久力、自己制御能力、持続する意志――

欧米人が求めるリーダー（経営トップ）とは、①**知力**（知的な能力）、②**説得力**、③**耐久力**、④**自己制御能力**、⑤**持続する意志**の5つの能力を兼ね備えた人物のことである。これら5つの要素をすべて満たす人物というと、常人つまり大衆とはまったく違った資質を持った存在である。

まず「**知力**」とは、会社経営、業務内容、業界、社会情勢、政治・経済、などに関する広い知識・知性に富んでいることである。次に、「**説得力**」は、相手を納得させるだけの力。その力のある話し方や論理の展開の仕方である。交渉事で相手を説得する場合、自ら妥協したり、相手に妥協を求めたりするのではなく、双方の相違点を見出して「統合」を図ることである。ちなみに、「妥協」は、どちらか一方が不満を抱くことになるので問題解決にはならない。

肉体的な「**耐久力**」は、リーダーとしての最大の条件であり、病気になればリーダーとしての資格を直ちに喪失してしまうので人一倍健康に留意しなければならない。とはいえども、一般大衆の心理を上手くコントロールできる知力を持ち、自己を制御し、そして自分のやり遂げたいことを全うする強固な意志の持ち主で、健康にも恵まれて肉体的な耐久力と相手を納得させるだけの力の5つをすべてクリアーできる人物となるとなかなか難しい。

第10節　極端な楽観主義者の経営トップは会社を潰す？
――危機対応リーダーとして不向きな人――

極端なオプチミストの経営トップが会社を倒産させたり、業績悪化を招いたケースが多く見られる。筆者の記憶にある代表的なオプチミストの人物は、流通業界で戦後最大規模の総額1613億円の負債を掲げて倒産した「国際流通グループ」Y社のW代表である。W代表は、「**……絶えざる発展、成長、拡大、進歩を通してのみ、偉大なる仕事は完成され、偉大なる人材は育成される**」という『生長の家』の「生命の實相」に学んだ宗教的経営哲学を基にした典型的な「**プラス発想型**」（**＝楽観主義者**）の経営者であった。

Y社が、1997年9月に経営破綻を招いた背景には、過大と言える海外展開とメーンバンクを持たない独特の財務戦略がある。投融資に警告を発した銀行に反発し、同社倒産の引き金になった資本市場からの資金調達（転換社債やワラント債の発行）に軸足を移したが、過大な投融資が裏目に出て業績が低迷し株価が下落した。株式に転換されないままの転換社債も大量に抱え、償還資金の手当てが付かず、結局、最悪の倒産に追い込まれたのである。

同グループの重要な経営判断はすべてW代表が下していたほか、W家とグループの債権・債務関係も複雑に入り込み、稀に見る極端なワンマン体質であった。

W代表が現役時代に好んで使った言葉には、「**守りからは何も生まれない**」として、次のようなものがある。

■夢は必ず実現する
■勇気ある前進
■チャンスは無限である
■一流の人物と交際せよ
■攻めて攻めて攻めまくれ
■感謝、奉仕、そして躍進
■明るくいきいきと勇敢なる挑戦
■燃える情熱、たくましき創造力
■明るい心、創業の心
■八方ふさがりでも天井が空いている

W代表はまた、明るい運命を自分で作るためには次の3つのことが必要だと考えた。1つ目は「**想念**」（**心に浮かぶ思い・考え**）である。これはいつも心の中で思っているとそれが習慣となり、性格も明るくなる、というものであった。2つ目は「**いい言葉しか絶対に言わない**」ことであった。そして3つ目が、「**表情**」であった。これらの「プラス思考」の下に「**守りからは何も生まれない**」という言葉をキャッチフレーズにして、**リスク管理や危機管理を蔑ろにした積極的な攻めの経営を推進した。**結果としてこうしたW代表の極端な「プラス思考」が裏目に出て倒産という最悪の事態を招いてしまったのである。W代表は、自著書『ヤオハン失敗の教訓』（2001年、かんき出版刊）の中で、自らの楽観主義的な考えについて、「**危機感がないどころか、必須のリスクマネジメントの発想すらなかった**」と自らの過ちを認め、また「**リスクマネジメントとは、経営の責任者の最優先の責務ですが、私はことごとく怠ってしまった**」と反省の弁を述べている。

W代表のような「**プラス思考」の強いオプチミストの共通した特徴は、**⑴「**優柔不断」で意思決定や決断が遅れ、チャンスを逃がし、最悪の事態を招くケースが多い。**⑵**他人の意見に耳を傾けない。**⑶「**情緒不安定」で感情のコントロールができず、喜怒哀楽がすぐ顔に出る。**⑷「**虚栄心」が強くプライドが高く、見栄を張って、実力以上のことをする。**⑸**自分は正しく、悪いことや間違ったことは、すべて他人の責任にする。**⑹**思い上がりが強い、などである。**

第5章　危機を乗り切るリーダーシップとは

第1節　危機に直面した経営トップの基本的な行動原理
――開き直り、勇猛（積極）果敢、機転――

未曾有の「東日本大震災」で被災した東京電力福島第一原子力発電所の事故発生後の初期対応が後手に回り、危機の連鎖を招いた菅首相と東電の経営トップの危機対応に対し、国内外から「指導力不足」とか「指導力欠如」と厳しい批判が相次いだ。

私たちは思いがけず事故や事件に遭遇すると、まず頭の中が真っ白になって、考えをまとめる余裕すら失い、一時的に思考停止の状態に陥ることがある。その時、**「開き直り、勇猛（積極）果敢、機転」**の3つが、危機に直面した経営トップの基本的な行動原理である。まず**開き直ることによって、自らの地位や名誉を忘**

れて捨て身になれる。また、事態を冷静に把握することもできる。たとえ危機管理マニュアルがなくても、経営トップが早期に事故現場を訪れて状況を把握すれば、その後の対応策を検討するうえで大いに役立つ。世間体やメンツなどは考えずに、「**自分がやる**」**の精神**で最前線に立つことが重要である。こうした「**開き直り**」の精神状態を保つことが、危機対応上の重要な要諦の１つである。

次に、**経営トップは危機の中には勇猛果敢に立ち向かうことが効果的である**。尻込みし、消極的姿勢をとると、危機は容赦なく拡大していく。危機に背を向けず、正面からたたく果敢さこそが求められている。例えば、大規模リコール（改修・無償修理）や欠陥製品（ＰＬ）が表面化した時点において損失覚悟で製品回収を決断し、積極果敢に実施すれば、より深刻な危機から企業を未然に救うことが可能となる。逆に、経営トップが危機に対し果敢に立ち向かおうとせず「最悪の事態」を招いたのが東電の福島第一原発事故である。

東電の経営トップが最終的に自社の資産を守ることを優先した背景には、私たち日本人が古代から守り育ててきた最も重要な価値観の１つである「**もったいない**」という考えがあったからであろう。この「**もったいない」という価値観は、日本人の心と日本の産業の本質を説明する重要なキー・ワードである**。この価値観には、天地万物すべてのものは神から授けられたものであり、決して無駄にしてはならないという戒めが込められている。「もったいない」は言外に「神への冒涜」という意味を込めている。大自然のすべてのものは神が託した聖なる品で、人間はそれを余すところなく利用はしても、浪費は罪である。日本人はそう感じているのである。「もったいない」つまり「物を大事にする」、「節約する」という意味の言葉は、日本以外の国々にも存在する。しかし**日本語の「もったいない」は単に「節約する」「倹約する」といった単純な**

言葉ではない。この言葉は一種の宗教的概念を含んでいる。自然の破壊力におののき、その猛威に振り回され、それでも生きる方策を模索し続けた日本人は、最小の資源で最大の効果を発揮する道具を生み出す知恵を身につけ、それを習い性としてきた。その過程で、物を無駄に使うのは恥であり、ほとんど罪とさえいえるという感覚を身につけてきたのである。いずれにせよ、「**最悪の事態**」を避けるために、東電のトップはあらゆる人的・物的資源を動員し、国民の生命、財産を守るという危機管理の要締を発揮せねばならなかったのである。それどころか、東電の経営トップは、あくまで想定外の天災による事故との立場を主張した。

3つ目が**危機的状況にあっては、機転が必要である。**つまり持っている知識を参考に**機転を利かせること**が重要なのである。

日本の経営トップと欧米の経営トップの間には資質面で大きな違いがある。**日本の場合、一般的に「決断力」、「実行力」、「判断力」の3つの資質以外に、「人望」「人徳」「器量」の3つの柱が経営トップの「人間力」として求められる。**この3つの資質と3つの柱から成る「人間力」は人の上に立つ人物であれば国籍に関係なく当然持ち合わせているべきことである。日本における経営トップには、ずば抜けて有能な人より組織内の調整能力の優れた人がなるのが一般的である。要するに「**組織内の取り纏め役**(調整役)」であるが組織を率いていくリーダー、つまり指導者ではないのである。本来の経営トップとは、私たちのような大衆とはまったく違った資質を持った存在である。

それにしても日本の経営トップは、欧米の経営トップと比べて分析力はあるが、どうしても個人で判断することができない。問題を指摘されれば、その内容を詳しく調べ直すことはできる。しかしながら、言われるまで、どこに問題があるか気付かないのである。要するに、本質を見抜く深い思考力を日ごろ働かせていないため、大所高所から判断する能力が乏しいということのようである。特に、**日本の経営トップには「哲学」の不在が顕在化しているといえる。**哲学的な思考方法ができていれば、どんな深刻な危機に遭遇しても、他人の意見に素直に耳を傾けられるし、誤解を恐れることなく自分の考えを正確に伝えられる。結果的に、感情に流されずに決断することが可能となるのである。

日本企業が突発的な不測事態に遭遇した場合、経営トップが、事態収拾のために自分の責任で、自分自身で意思決定し、自ら進んで陣頭指揮することを好まない傾向がある。どちらかと言えば、責任を逃れて自己保身に走るケースが多いようである。しかしながら、誰かが必ず責任を負わなければならないし、方向性を示さなければならないのである。

多くの日本の経営トップは、「和」を重んじるため集団心理（皆一緒主義）が働いて、暗黙の連帯責任を前提に社長、会長経験者のＯＢや他の役員らの賛同を得て集団体制で現場の指揮にあたるのである。そのため事態収拾の方向性を示すまでかなりの時間が掛かるので、現場における初動対応が遅れ「最悪の事態」を招くケースが多いのである。

第2節　危機事態において経営トップはイニシアチブを発揮せよ！

日本の伝統社会は、天皇制や家元制が象徴しているように、頂点に立つ者の権威を維持するために組織が存在し、上意下達の命令系統が確立していた。そこでは官僚組織に見られるように、組織間の意思の疎通、情報の共有は重視されなかった。

ところが、現代社会のように複雑化、グローバル化等によって問題が増えるにしたがって、危機が頻繁に発生するようになった。そのため従来のような役職が上の人から指示を受けない限り、一切対応しない権威主義社会で危機が発生すると、大混乱が起きてしまうのである。

日本では危機が発生するとすぐに、軍事組織をモデルに、迅速に対応する組織を想定したり、そのように行動せよと議論する。権威的な指揮官（リーダー）がいて、機能的に命令が伝わる組織が軍隊であるという誤解がある。しかし、戦前の旧日本軍のように、権威主義に凝り固まった組織は、本当の危機には対応できていない。

危機に強いのは役職の地位が下の人であっても、自分が知り得た情報を過不足なく共有して、良いと思った方針は部下も提案することができる民主的な組織で、その構成員の個人の尊厳が保たれているということが重要である。

一方、欧米社会は様々な矛盾を抱えている社会なので、日本と比べると、色々な能力を持った人を集めて強い組織をつくってきた。欧米の組織では、常にトップダウンの指揮命令系統だけでなく、情報や意見交換の機会がより多いのである。危機的状況においては、時間も情報も極端に不足している。こうした状況下では、イニシアチブ（主導権、進取の精神）を発揮することが求められる。経営トップであろうと中間管理者であろうと、即座に考えて何らかのイニシアチブを発揮する。こうしたことがシステムに組み込まれているのである。例えば、スウェーデンの情報通信企業E社の危機広報体制では、社長に代わって担当役員に責任と権限を与え、その命令指揮下に危機広報分野の専門家や情報関連に長年携わってきた人材を部門の責任者として登用し、事前・事後の危機広報活動を行っている。E社は危機広報を担当する専従組織として、「マーケティング・インテリジェンス」という部署を設置し、責任者である部長に対し、緊急事態発生時には危機広報と情報関連に限り、社長代行という強い権限を付与している。

日本の場合は、目標があると、その達成に優れた能力を発揮するが、問題は、こうした目標を設定する指導者がいるかどうかである。

第6章　事例で学ぶ危機対応の失敗からの教訓

企業経営に大きなダメージを及ぼしたカネボウ化粧品の美白化粧品問題、アクリフーズ社（現マルハニチロ）の冷凍食品の農薬混入事件、タカタ製エアバックのＰＬ問題などは、いずれも危機管理体制の甘さや対応の失敗を表面化させた。これらの事件の共通点は、いずれも**危機発生後に対応が大幅に遅れ、「初動対応」に失敗した点である**。以下各事例の危機対応の問題点について検証してみる。

第1節　花王の100％子会社「カネボウ化粧品」の美白化粧品問題

【問題の概要】

２０１１年10月に来店客から「顔の色が白く抜けた」とカネボウに最初の相談があり、２０１２年２月には販売員３人の発症も確認されたが、同社は個人の病気で、化粧品が原因ではないと判断した。２０１２年

9月に大阪府の医師が「化粧品が引き金となった可能性がある」と診断し同社に連絡した。同社は「顧客が化粧品が原因でないことで納得している」として対策を取らなかった。その後も電話による問い合わせが1万5000件以上にのぼったにもかかわらず対応を怠り、2013年5月に別の医師が指摘するまで確定的には因果関係を認識することはなかった。そして、2012年9月に問題が表面化してから10カ月後の2013年7月にようやく美白化粧品54品目の自主回収（回収費用は、約84億円）を発表した。結局、最終的に返品数・発症者数が1万7000人を超え、2015年3月期に97億円の特別損失を計上するに至った。

【検証結果】

⑴　問題が表面化してから10カ月間も放置し、危機対応の大幅な遅れを招いた。

《コメント》

消費者（顧客）からのクレーム件数によって調査を開始するのではなく、仮に1、2件だけのクレームであってもその内容（顧客の生命を脅かす問題か、あるいは後遺症も含めて身体に悪影響を及ぼすか等）次第で対応を検討すべきである。このような場合医学的な因果関係が証明されなくても、「**状況判断**」によって製品回収を実施すべきであった。それをやらないで10カ月間も放置し、顧客の被害を増大させ最悪の事態を招いたことは、顧客の信頼を裏切ったことであり、それを取り戻すことは容易なことではない。

⑵　経営トップに都合の悪いことは無視（責任逃れのために「臭いものには蓋」をする）する態度がみられた。

《コメント》

重大な危機が発生し、事態が深刻だったり、深刻になりそうにもかかわらず、経営トップが気づかないふりをしていたら、部下たちも必ず同じ態度をとるのである。「経営トップは、責任を負うということ、そして話すべきことを話し、とるべき行動をとる」ことである。つまり、危機事態では、経営トップは絶対的な権限を持ち、責任を1人で負うのでなければならない。ちなみに、多くの日本企業が突発的な不測事態に遭遇した場合、経営トップが事態収拾のために自分の責任で、自分自身で意思決定し、自ら進んで陣頭指揮することを好まない。どちらかと言えば、責任を逃れて自己保身に走るケースが多い。だが、誰かが必ず責任を負わなければならないし、方向性を示さなければならない。**日本の多くの経営トップには、想定できない危機を未然に察知し、的確に対応できるリスク感性力と問題解決力が欠けていると言われる。**その上、日本人の経営トップには、「最悪の事態」に備えることを嫌うオプチミストが多い。そして後述するような「和」の思想による集団心理（皆一緒主義）が働き、自らの責任ではなく暗黙の連帯責任で社長、会長経験者のＯＢや他の役員らの賛同を得て集団体制（コンセンサスによる集団的意思決定）を整えて現場の指揮にあたる。それに加えて「**最悪の事態**」を想定せず、事が起きてから考えるので事態収拾の方向性を示すまでかなりの時間がかかり、現場における「**初動対応**」が遅れて失敗もする。**重要なことは不測（緊急）事態では、「経営トップは絶対的な権限を持ち、責任を1人で負う」のでなければならない。**

(3) 商品ありきで消費者が後回しにされた（事なかれ主義が目立った）。

《コメント》

カネボウが２０１２年９月に大阪府の医師からの連絡を無視した背景には、「顧客からの相談などを集約するシステムが機能していなかった」ことが問題認識の遅れにつながったという組織体制の不備があった。企業内の危機管理・法務部門の専門家や製造技術者などで編成されたクレーム処理担当グループ、またはお客様相談室は会社の心臓部であることを肝に銘じるべきである。

第2節　アクリフーズ社（現マルハニチロ）の冷凍食品の農薬混入事件

【事件の概要】

２０１３年12月、マルハニチロホールディングスのグループ企業「アクリフーズ社」の冷凍食品から、農薬マラチオンが検出された。同社は大規模な自主回収を行ったが、異臭に気付いた消費者が最初に苦情を寄せてから、１カ月半が過ぎていた。この事件で体調不良を訴えた人が２８００人に上り、工場は生産休止に追い込まれ、回収費用などの損害は58億円に上った。

【検証結果】

⑴　２０１３年11月に消費者から「異臭がする」との苦情があってから自主回収を始めるまでに１カ月半もかかり、公表が大幅に遅れた。

《コメント》

汚染された製品を自主的に回収しようとせずに1カ月以上も放置していたのは、膨大な回収費用がかかることを懸念したからであろう。経営にダメージを与えかねない自社の潜在的なリスクを事前に想定して、平時から計画的に予防措置を講じ、対策を徹底していたならば、汚染された製品回収の必要性などについてもっと早い時期に決断ができたはずである。

(2) 混入された農薬の「マラチオン」の健康への影響を過小評価した。

《コメント》

農薬の「マラチオン」を口にすれば食中毒を引き起こすことは必至であるが、消費者への健康問題を過小評価して対応を遅らせた行為は、食品会社として相応しくなかったと言える。「アクリフーズ社」には食品会社としての社会的責任の自覚が足りず、万一の場合に備えた危機対応計画が立案されていなかったのは問題である。そして何よりも重要なことは全従業員が食品衛生管理について十分な知識を持ち、原料の調達から最終製品までの各工程で発生が予想される異物混入を特定・分析し、その防止に必要な管理項目を設けてチェックできるシステムを構築し、「食の安全」を守ることである。

(3) 「食の安全」に対する会社側の危機意識が欠如していた（事態の認識の甘さ）。

《コメント》

事件発覚後の「アクリフーズ社」の消費者の健康問題を無視した対応法は、農薬混入が元従業員によるものだったとしても経営トップの責任は問われる。同社は「安全」と「安心」をモットーにする食品会社として消費者に信頼されなければ経営は成り立たないことを何よりも肝に銘じるべきである。

(4) 異物混入防止の安全対策の不備

《コメント》

担当者が粘着ローラーで作業着を上から下までなぞって、髪の毛の除去を行っていたが、実質的な工場従業員の持ち物検査やボディーチェックを怠っていた。特に、下着の中や作業着の袖口に入れての持ち込みを防ぐ管理体制の確立が重要である。

食品防御のためには、指紋認証による工場へのアクセス管理を強化し、監視カメラの台数を増やすだけでなく、人の配置の工夫など複数の対策を組み合わせてチェックすべきである。

(5) 責任の所在が明らかではなく、情報の共有化も不十分であった。

《コメント》

責任の所在が曖昧で、関係部署における情報の共有化が不十分であったという事実は、「アクリフーズ社」には、突発的な不測事態に備えた危機管理体制がなかったということになる。欧米諸国では、経営トップには責任と説明する義務がある。欧米の経営トップは、自分の決定に責任を持つ。それが誤っていると考えるのであれば、自分を解任すればいいという姿勢である。これとは逆に日本人の経営トップの中には個人的な責任を果たさず、開き直って居直りをする人が多い。これは日本社会では伝統的に個人の責任を問うよりも、他のメンバーとの連帯責任を重んじるので、経営トップの個人レベルの責任問題は極めて曖昧になる。当たり前のことであるが、危機が発生してその問題を解決するための判断、行動の成否は、情報の解析力と情報の共有化に掛かってくる。危機対応は、時間との勝負である。したがって、直ちに洗練された情報が必要であり、収集した情報をどこの誰に送るべきか事前に決めておくことが重要である。

(6) 従業員の不満を把握し、緩和する施策を打たなかった。

《コメント》

現在の日本の雇用制度は、正社員と派遣社員に分けて採用されており、給与や福利厚生などの待遇面において大きな格差が見られる。特に、派遣社員の中にはこうした不満を蓄積させ、会社に対し憎しみを抱いて報復する目的で製品に異物を混入したりするケースがある。近年では２００８年に中国の天洋食品会社（事件後経営難に陥り倒産）の従業員が有機リン系の殺虫剤「メタミドホス」を輸出用冷凍餃子に注入した事件がある。

「アクリフーズ社」は、待遇面などで日頃不満を抱いている従業員に対するケアー管理を怠ったうえに、過去に起きた食品への異物混入事件からの教訓を活かさず、異物混入を許さない製造工程への見直しや監視体制の強化を怠った。また社内での身内意識が強く従業員の不審な行動を疑ったりすることはなかった。この点については正規従業員および派遣従業員に関係なく、相互の信頼関係を基にして従業員１人１人の監視体制を強化していかなければならない。

企業が「製品脅迫」や嫌がらせを目的にした食品への毒物（異物）混入事件に巻き込まれると、①犯人に対する金品の引き渡し、②製品の回収、③製品の検査および破棄、④工場閉鎖に伴う収益の減収、⑤（製品への毒物混入が）公表されたことによる市場占有率の低下および企業イメージの低下、⑥消費者の疾病および死亡への賠償金の支払い、⑦広告を含む製品の再出荷費用、等の問題が発生する。とくに、製品の回収および破棄は、経営面に大きなダメージを与える。

「製品脅迫」や食品・飲料水等への毒物（異物）混入事件の対象となりやすい製品には、食品、清涼・アルコール飲料水、医薬品、たばこのように直接人命に関わる分野で起こり易く、以下のような特質がある。

(1) 誰でも日常的に使用、食用するものである。
(2) 製品に対し誰でも容易にアクセスできるものである。
(3) 同時に、万一の場合は生命の危険に直結するものである。
(4) 誰でも安全性にまったく疑いを持っていないものや、安全を託しているものである。

また、製品への「異物混入事件」が企業に与える主な影響は以下のとおりである。

(1) 異物混入の犯人はその目的、場所、製品を一方的に決めるため、監視カメラの設置や従業員の持ち物検査やボディーチェックなどで対策を練っても、その犯行を完全に防ぐことはほぼ不可能である。
(2) 犯人はほとんどリスクを負うことはない。犯人は自ら脅迫行為を行う必要もなく、ただその犯行を公表することで、標的にした企業に大きな打撃を与えることができる。

製品への異物混入や製品脅迫は１００％予防することが不可能なので、この種の危機に対しては、十分な安全対策を行うことによって予想される被害を軽減しなければならない。

実際に異物が混入された自社商品が出回っている場合、消費者に対する警告や疑わしい在庫の撤去が遅れると、道義的、経済的、法律的に極めて大きな損失をもたらすことになる。

第3節　「異物混入」による消費者の信用失墜は回復困難
――初期対応を誤れば業績悪化は必至――

食品メーカーなどでは、通常、自社製品への「異物混入」が発生し、お客さま相談室などに通告が入ると、品質管理部門や経営幹部に事態を報告する。ただ、「異物混入」の内容は一律ではなく個々のケースによって異なり「対応マニュアル」による問題解決は困難なので臨機応変な対応が求められる。またその事実を開示するか、または市場に出回っている商品を回収するかの判断については、「異物混入」の原因が会社側にあると明確な場合や、健康被害（特に、死傷者がでる可能性がある場合）が広がる懸念がある場合に踏み切るのが一般的である。

日本マクドナルドホールディングの場合、２０１４年7月、仕入先だった中国の食肉加工会社が使用期限切れ鶏肉を使っていた問題が明らかになり、消費者の健康被害などが報告されなかったにもかかわらず、信用を失って客離れを招き、既存店売上高は、同年７月から６カ月連続の２桁マイナスという業績悪化につながり、２０１４年12月期の連結営業損益は67億円の赤字を計上した。その後２０１５年に入って青森県や大阪府などの店舗で異物混入が相次ぎ発覚し、客離れに拍車がかかり、２０１５年１月の既存店売上高は前年同期比３８・６％減と、２００１年の上場来最大の落ち込み幅を記録した。同社は今後、外部機関による店舗の監査を実施し、異物混入が起きない仕組みになっているかどうかチェックするという。また顧客からの品質への問い合わせに素早く適切に対応するため、外部有識者を交えた「お客様対応プロセス・タスクフォース」も設置している。

さてここで異物混入問題に関する、米国企業の危機対応例を紹介することにする。

１　米国企業の「異物混入」事件の危機対応からの教訓
―事件解決のためのリーダーの役割―

ａ　「消費者の健康最優先」を主眼とした米製薬会社の危機対応法

米国における過去の「異物（毒物）混入」事件の事例にはジョンソン＆ジョンソン社の「強力タイレノール への青酸カリ混入事件」と「ペプシコーラへの針混入事件」の２つが有名である。前者は、カプセルの鎮痛解熱剤「強力タイレノール（Tylenol）」製造元の米大手製薬会社「ジョンソン＆ジョンソン社（子会社のマックニール・コンシューマー・ヘルスケアー（McNeil Consumer Healthcare））」は、１９８２年９月、米国シカゴ近辺で発生した毒物（青酸化合物）混入事件に対して同社の会長自らが問題解決のための陣頭指揮をとり、損得勘定を度外視して、迅速な製品回収など効率的に対処したことにより、より強力な組織として台頭し、同社製品の評判を向上させて売上を大幅に増大させた。ちなみに、同社は最終的に総量３１００万個の瓶（一瓶50カプセル入）を全量回収し破棄したが、同製品の卸価格での買戻しおよび破棄処分までの輸送コストだけで、一億ドルを超える費用を支払うことになった。

ジョンソン&ジョンソン社の当時の会長ら経営陣は、**事件が発覚するとすぐに、問題の製品をすべて店頭から撤去したうえ、生産ラインの一部からも問題製品を除去した。**ジョンソン&ジョンソン社の経営陣が一致団結して断固とした行動をとれたのは、同社に「**消費者の健康最優先**」を主眼とした侵すべからざる同社の価値観を既述した文書「**クリード**（Crred：**信条・信念**）」があったからである。

「ジョンソン&ジョンソン社」は現在でも1年に2回、幹部社員を集め、「クリード」を見直し、同社の価値観に変更すべき点があるかどうか検討する「**クリード検討会**」を開いている。ここで大事なことは、組織の基本的価値（コアバリュー）を社員に徹底させることである。なぜならば、「**評判**」（**組織の履歴書**）**は、絶対に失うことの許されない重要なものだからである。**

「強力タイレノール」毒物混入事件から既に30年以上経っているが、今でも多くの米国民は「ジョンソン&ジョンソン社」という社名からすぐに「**安全と健康**」のイメージを抱き同社の製品を信頼して購入しているのである。

b 「事前対策」が有効だった「ペプシコーラ社」の注射針混入事件

後者は、1993年6月、米ワシントン州で清涼飲料水会社ペプシコーラ社の「ダイエットペプシ」への注射針混入事件が発生した。その直後全米各地で同飲料水にピン、裁縫用針（縫い針）、ネジなどの異物混入事件が相次いで50件以上発生した。こうした事態に対してペプシコーラ社の初動対応はやや遅れてしまった。これはクレームが同社の消費者窓口や広報を通さずに直接マスコミ機関に持ち込まれ、噂が全米に広がったためであった。結局、最初の事件発生後のクレームから4日後に、同社の最高経営責任者（CEO）を長とする危機管理対策チームは事態収束のために活動を開始した。ペプシコーラ社の危機管理対策チームは、各分野の専門家をメンバーに揃えた常設の組織である。チームのメンバーは、広報、法務、消費者問題、製造の各部門の担当役員のほか、顧問弁護士、販売・技術の専門家チームで編成されている。ペプシ社の危機管理対策チームは結成以来、定期的に会合を開き、業界内で発生している様々な事故や事件の内容の検討、対応法などについて話し合っていた。このことにより、チームのメンバーは事前に自分の役割について理解していたのである。結果として、異物混入事件に対しても危機管理対策チームは円滑に機能し、当初からメンバーが一丸となって活動することができたのである。危機管理において、「**事前対策**」が非常に重要であることを示した事例である。またペプシ社は缶の中に異物を混入することができないように生産段階から安全対策を講じており、このおかげで店頭からペプシ製品を回収せずに済んだのである。この点からも危機管理における「**事前対策**」の重要性は明らかである。

この注射針混入事件は、米国の4大テレビネットワークのすべてのトップニュースとして取り上げられ、その結果としてペプシコーラ社の株価は下落し売りに出されたのである。

この問題に対処するためペプシ社は、2つの効果的な解決方法を打ち出した。その1つは、事件発生当初から危機の早期解決には、食品医療品管理局（FDA）との協力関係が不可欠であると認識し、FDAによる生産現場への立入検査に全面的に応じるとともに、積極的に情報交換を行った。この結果、FDAは「ペプシ社過失はなく、むしろ何者かによって異物が混入された点で被害である」と認め、製品の異物混入に対して厳しい姿勢で挑む方針を打ち出したのである。

もう1つの解決策としてペプシ社は、事前に作成準備していた「ダイエットペプシ」製品の生産工程に関する「ビデオ・ニュース・リリース」を事件発生直後に全米のTV放映会社に送ったことである。その映像には生産ラインの上を超スピードで缶が移動し、飲料水が注入されていく様子が撮影されている。この映像を見ると、犯人がその製造工程で注射針や異物を混入させるのはほぼ不可能であるということがわかる。多くの視聴者がニュース番組でこの映像を見て、「99・999％の安全を保証します」というペプシコーラ社の説明に納得したのである。一般消費者の不安が収まり、ペプシ社を支持する声が強まり始めたところで、ペプシ社の危機管理対策チームは米国内の主要新聞に全面広告を掲載し、またTV局の広告も利用した。この広告の目的は、ペプシ社を信頼してくれた消費者の支持によって危機を乗り切ることができたことを感謝し、事件の完全な決着がついたことを宣言することであった。**ペプシ社は当初これらの広告の中で被害者としての立場を強調するつもりであったが、その後ペプシ社を勝利者として描く方が良いという判断に変わったのである。**これはペプシ社が注射針パニックのような最悪の事態（企業倒産）にも成りかねない状況を乗り越えられる能力を持つ会社であり、実際に首尾よく処理したことを一般大衆に知らせる重要な手段であった。この広告は実際に成功し、ペプシ社の正義が悪に勝利したというイメージを創り出すことが出来たのである。

第4節　世界第2位の自動車部品会社「タカタ」の欠陥エアバック問題

【問題の概要】

２０００年代前半、エアバック製造ではスウェーデンのオートリブに次ぐ世界第2位の自動車部品会社「タカタ」の米国やメキシコのエアバック工場では、同時に複数の不具合が起こったが、「タカタ」は問題を把握しきれなかった。その後、エアバックの風船を膨らませるためのガス発生装置が異常破裂し、金属の部品片が飛散して、死傷者を出し、欠陥エアバックを巡り全米で過去最大の３４００万台のリコール（回収・無償修理）を迫られる事態にまで発展し、タカタの経営に懸念が広がった。「タカタ」はこのリコール問題で２０１５年３月期連結決算で約６５０万台のリコール費用として５２・６億円を特別損失として計上した。

【検証結果】

(1)　タカタの初動対応が後手に回り続けた。

《コメント》

「タカタ」のリコール問題が表面化した後、直ちに行うべきことは、米国における「**初動対応**」であった。この段階ではまだリコール問題の全体像が見えていなかった。「**初期対応**」は最初から逆境の下に置かれていた。しかしそうした状況下でも的確な「**初動対応**」を行わなかったため、その後の対応に多大な影響を及ぼしたのである。つまり何が起きたかという説明が遅く、不誠実さばかりが目立ち、謝罪もおざなりだった。今後予想されるリスクの説明などがまったく不十分であった。

「**初動対応**」を成功させるためには、経営トップが責任逃れをせず、国民やメディアに対しエアバックの事故原因の状況を詳しく公表し、説明責任を誠実に果たすことである。

(2) 米議会で組織的な隠蔽の疑惑が指摘された。

《コメント》

一般的に日本人は自分に降りかかってきそうな悪いことや嫌なことを極力避けたがる。また失敗や醜聞・不都合なことなどが外部に漏れないように、安易でしかも一時凌ぎの手段で揉み消しや隠蔽しようとする。言い換えれば「臭いものには蓋をする」のである。

深刻な危機が発生した場合、その事実を隠蔽や、揉み消そうとすれば、後で取り返しがつかない事態にまで発展し、甚大な人的および物的被害を及ぼすことを経営トップは認識すべきである。

(3) タカタの経営トップ

(当時の社長は独自動車部品大手ボッシュ社出身のステファン・ストッカー氏だったが、現在は創業家出身の高田重久氏が社長兼最高経営責任者(CEO)として経営を掌握)がこのリコール問題が表面化した直後に、記者会見を開いて事態の説明を行わず、リーダーとしての役割を十分に果たさなかった。

《コメント》

日本企業の経営トップの中で自発的に危機管理対策に取り組んでいる人はまだほんの一握りにすぎない。「タカタ」も例外ではなく、リコール問題を想定した危機管理体制が整っていなかったようである。そのため経営トップ（ＣＥＯ）が自信をもってマスコミ対応ができなかったのであろう。危機発生時に経営トップは被害者意識にとらわれがちであるが、一刻も早く当事者意識に変え、実質的な最高リスク管理責任者（ＣＲＯ）になる必要がある。意識の切り替えを求めるのは、社内の人間では困難なので、所管当局か社外取締役が当たるべきである。

オプチミスト（楽観主義者）の多い日本の経営トップがペシミスト（悲観主義者）になりきって平時において「最悪の事態」に備えた危機管理対策を講じることには相当の勇気がいる。どちらかと言えば、自分の在任中は何も起こらないように願っているのである。だが、グローバル時代の現在、社会がますます複雑化している中で思い掛けない様々なリスクが散在しており、いつ自分の会社が危機に巻き込まれるかわからない時代である。そのために否応なしに危機管理体制を整えなければならない。

総じて言えば「タカタ」製の欠陥エアバックのリコール問題で、同社の「**初動対応**」が後手に回ったという点が米国内で不誠実と受け止められ厳しい批判を浴びた。実は２０００年にも米フォード・モーターの自動車が横転して死亡する事故が相次ぎ、ブリジストンの米子会社が製造するタイヤ６５０万本の大量リコールが起きた。この時のブリジストンの対応も「タカタ」と同じく大幅に遅れ、米消費者団体の厳しい批判を

表６－１　《米国の PL 賠償金額例》
――企業を相手に PL 訴訟した実例――

被告	賠償金額	製品
GM	49億ドル（5880億円）	シボレーマリブ（ガソリン引火）
ジョンソンカート	10.2億ドル（1224億円）	ゴーカート（ガソリン引火）
フォード	2.9億ドル（354億円）	フォードブロンコ（横転）
クライスラー	2.6億ドル（314億円）	ダッシキャラバン（リヤゲートからの乗客落下）
GM	1.5億ドル（180億円）	シボレーブレイザー（ドアからの乗客落下）
ブリジストン・ファイアストン	3.1億ドル（372億円）	フォードエクスプローラー（横転）

注：１件の賠償で利益がなくなる！

浴びたのである。

「タカタ」も例外ではないが日本企業の場合、自社製品のリコール問題の危機が発生し、部下が経営トップに対し、消費者の信頼を失うことになるので早急に回収すべきであると進言する。ところが、大半の日本人の経営トップは部下に対し、莫大な経費がかかるので製品の回収はやらないで、しばらく様子を見るようにと指示するのである。その部下は経営トップの指示に不快感を抱きながら、会社が信用を失って製造販売を停止せざるを得なくなるのではないかという不安に駆られる。このような日本的な社会通念があるためどうしても「初動対応」が遅れてしまい最悪の事態に追い込まれてしまうのである

そこで問題は、どうして部下は自分の意見を素直に経営トップに語ろうとはしないのかということである。なぜ、自分の意見を素直に語らないのかといえば、異なる意見を言うことが失礼に当たると考えるからである。あるいは理解できないことを悟られないようにするためである。もちろんこのような日本人の曖昧な態度ではリコール（危機）対応ができるはずがない。

日本企業のリコール対応の遅れが出るもう1つの背景には、日米間のリコール実施に関する認識の違いがある。つまり**日本ではリコールの実施は、「欠陥を認めた」、「原因がどこにあるのか判明した」と受け止められ、経営トップの責任問題につながることが必至である。**このため企業側は慎重に調査を行い、原因がはっきとした段階でリコールに踏み込むため、否応なしに対応が後手に回ってしまうのである。一方、米国では問題が多発した場合、原因が不明であっても危機管理の観点から「**最悪の事態**」を想定し、念のためにリコールを行うのが一般的である。このため対応が遅れれば厳しく責任を問われる。したがって、日本企業も**最悪の事態を想定し、「郷に入っては郷に従え」**で米国企業と同様に、死傷事故の報告を受けたり、当局からリコール要請があった場合、原因の特定ができなくとも、躊躇せずにリコールに踏み切ることが得策であると思われる。

第5節　三社の事例からの教訓とは

ところで、前記3社の危機対応の失敗はいずれも、2000（平成12）年6月に起きた戦後最大の「雪印乳業集団食中毒事件」に類似している。つまり、前記3社も雪印乳業と同様に、本来危機発生時には一番大事な消費者の立場になった対応が求められるが、いずれの企業も**消費者の安全を無視したコスト優先の体質があり、その上〝最悪の事態〟に備えた危機対応計画の不備などによってその被害を拡大させたのである。**

とくに、カネボウと雪印乳業の共通点は、双方共クレーム件数が1万5000件以上に達したにもかかわらず自社製品の自主回収に踏み切れず、両社とも大幅に対応が遅れ事態を悪化させたことである。

3社とも突発的な危機発生が十分予測されていたにもかかわらず、危機管理の基本のうちで最も重要な**〝最悪の事態に備えた〟危機対応計画が立案されていなかった点は反省すべきである。**これは経営トップの責任であるが、**〝最悪の事態に備えた〟**危機対応計画の立案は、平時において常に悲観的に最悪のことを予測し、そのような事態が発生しないように「**事前対策**」を講じて危機を防止・回避することである。楽観的な予測に基づいて危機対応計画を立案した場合、悲観的な事態を招くことに成りかねない。

〝最悪の事態〟について考えることは、組織的または個人的な偏見などの理由から難しい場合が多い。特に、緊急事態の可能性が少ない場合、経営トップや危機管理担当部門の責任者は無視する傾向がある。大震災や深刻な事件・事故や人為的ミスによる問題が壊滅的な結果を招くものであっても、発生の可能性が低いということで蔑ろにする。〝最悪の事態〟について考えることには、従来の認識を越えた客観性と前向きな姿勢が求められる。

企業危機管理の基本的な要諦として、以下の5点を心得ておくべきである。

(1) 「**事前対策**」《①潜在するリスクを把握し分析する、②情報収集および早期警戒、③迅速で効果的な脅威評価、④意思決定体制の整備、⑤簡単に利用できる手続きの整備、⑥社内管理体制の定期的なチェック、⑦専門家による支援など》による予知・予防こそが最高の危機管理と認識することである。

(2) 常に「**最悪の事態**」**を想定し、**起きなかったら無駄になるという《**価値ある無駄**》の考えで対応すべきである。

「最悪の事態」に備えた危機管理の計画立案には、人手や莫大な経費がかかる。しかし企業の存続を維持するための必要経費であることには変わりはない。万一の場合に備えて経費を掛けて事前に準備して、仮に何も起きなくても「何も起きなくてよかった」と喜んで「価値ある無駄」であることを理解することが重要である。ちなみに、スウェーデンの多国籍企業「エリクソン社」は西暦２０００年（Ｙ２Ｋ）（コンピューター誤作動）問題で、世界１４０カ国（従業員10万人以上）の事業所で総額約４５０億円の資金を投じて、１９９６年から取組み、危機状態の未然防止および対処のための危機管理対策を講じた。結果は何も起きなかった。そして莫大な経費を掛けたことが無駄であったと思った社員は１人もいなかった。その後同社は、Ｙ２Ｋ問題で投資した経費が余りにも多額だったため、一時経営難に陥ったが、社長が経営責任を問われることはなかった。安全対策のための投資は、危機が発生しなければ無駄になり、非効率と考える企業が多い日本ではまだまだ理解され難い事例である。

(3) 悲観的に準備し、楽観的に実施すること。

(4) 平時において「危機管理対応チーム（ＣＭＴ）」を編成しておき、危機が発生した場合、迅速に対応すること。

ＣＭＴの編成と組織構成は危機管理プロセスの中心事項である。リーダーシップと組織は効果的な危機管理の最重要課題であり、ＣＭＴがこの機能を提供している。ＣＭＴはメディアとの連絡、関係監督官庁との連絡、被害者やその家族との連絡および管理業務という4つの基本事項を対応できるように設定されなければならない。

(5) 危機に発展しそうな「悪い情報」は最優先事項として直ちに経営トップに報告させること（もみ消しなどの隠蔽工作は組織崩壊に結び付く）。

いずれにせよ、製品に関わる危機的な事件・事故が発生すると、回収費用、訴訟対応、信頼性の低下からくる企業イメージの低下、さらには会社格付け低下、株価下落、株主からの非難など様々な影響が生じる。こうした事態を避けるためには平時における危機に備える心構えが大切である。

第6節　危機発生の再発防止のために教訓を引き出す
——失敗の分析結果による責任所在の明確化が不可欠——

企業が不祥事件を引き起こして、その対応が後手に廻り危機管理に失敗したら、その失敗に関する明白かつ表面的な理由に留まらず、その根本的原因を追究することである。そのためには、高度な分析方法を用いて正しい教訓を学び、正しい対策を講じようとする克己心が必要である。

再発防止策を講じるために必要な失敗の分析は、個人の責任問題に直結するので、日本の社会では嫌がられるのである。失敗を追及する側もされる側も共に不愉快な思いをする。特に追及する側は相手の自尊心を傷つけかねないから嫌がるのである。本人の裁量に委ねれば、大半の人がおなざりに済ますか、まったくやらないかのいずれかである。

日本人の場合、第三者から個人的な失敗や過失を直接指摘されると、素直にそれを認めて反省するよりも、自尊心を傷つけられメンツを失ったということで感情的に反論する人が意外に多いのである。

日本の社会では失敗はすべて悪いという根深い考え方が、組織が失敗から学ぶことを妨げている。しかし、失敗の原因や経緯をきちんと理解すれば、お互いに責任のなすり合いを避け、失敗から様々なことを学ぶことが出来るのである。失敗から学ぶためには、失敗を早めに発見し、徹底的に分析し、失敗の原因を探ることである。**組織が成功するためには、社員が失敗した場合もみ消しをするのではなく安心して失敗を認め、上司に報告できる組織環境を整えることが重要である。そこには経営者の強力なリーダーシップが求められる。**

第7章　企業における不祥事予防策および発覚後の対処法

第1節　不祥事の概念

不祥事とは、企業組織または従業員（個人）を危機的状況に直面させてしまう背信行為であり、組織内には、いくつもの背信行為につながる要因が存在している。

図7－1は企業を取り巻く環境と不祥事が起きる仕組みを示したものである。これによると、企業を取り巻く環境として、「官僚主義」や「タテ割主義」があり、その環境の下で新規顧客の獲得やコストダウン、さらには高収益化を目的とする業務が展開される。ここでは公正な業務と不正な業務が表裏一体となっているため、内部告発があれば経営幹部は刑事責任を問われたり民事訴訟が発生したりする。

ところで、企業組織内で不正行為を引き起こす要因として、次の点が挙げられる。

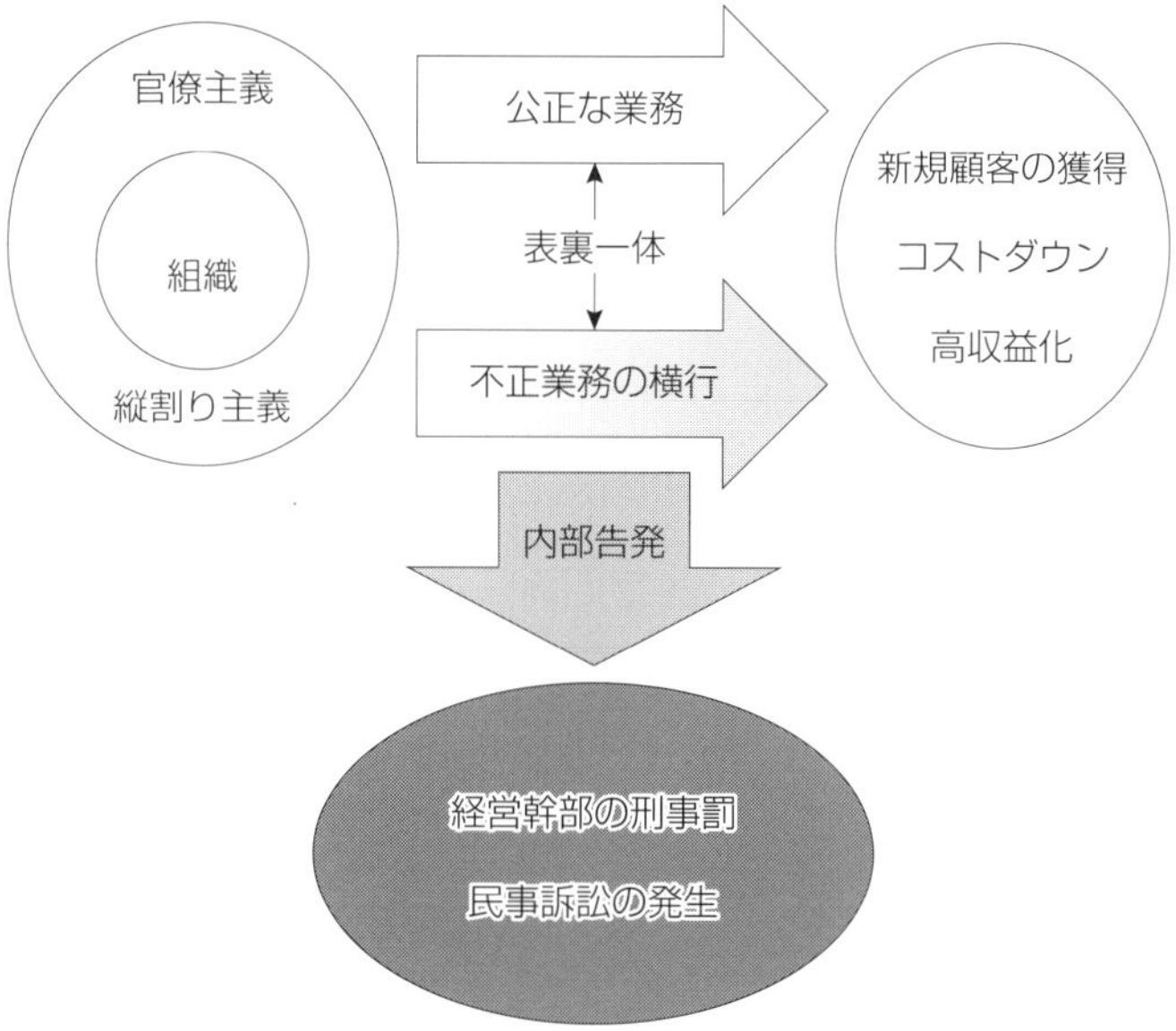

図7－1　企業組織を取り巻く環境と不祥事が起きる仕組み

出所：筆者作成.

(1) 経営トップの経営理念が影響を与える要因

公金横領、役員の法外な退職慰労金の支払い、賄賂の支払い、総会屋や暴力団への利益供与、粉飾決算、未公開株のインサイダー取引などに経営トップが関与して告発された場合、会社の信用が失墜するのは必至である。

(2) 企業風土が影響を与える要因

経営トップのモラルや倫理観が問われるスキャンダル、セクハラ行為、社内の標榜・中傷、派閥抗争、職場での飲酒、権限の範囲の逸脱、談合などは、企業組織や社員全体が排他的になり、社内の士気は下がる。さらに社外に漏れた場合、社員からも賠償金を請求されたりする。そのうえ、企業の社会的信用の失墜を招き、多額の訴訟費用を支払わなければならないことになる。また訴訟に敗訴した場合は、賠償金を支払わなければならず、その経済的な損失は計り知れない。

(3) 個人のおかれている状況による要因（主に個人が内包する問題）

疑心暗鬼、誘惑、同僚からの圧力などの要因が相互的に関わり不祥事を引き起こすのである。不祥事が起きるのは、組織全体の問題であり、個人のモラルの低下により、不祥事が起きるとは限らない。つまり組織に倫理観が欠けていた場合、個人のモラルが高くても、不祥事は起きるのである。食品の表示偽装、無許可添加物の使用など消費者を巻き込んだ組織的な不祥事は、企業に倫理観が欠けている場合によって引き起こされるのである。不祥事を防止し、社員の倫理観を健全なものにするためにも、企業倫理が第一に確立されていなければならない。そのため企業組織内で倫理政策を実施しなければならないが、倫理政策を実施するには、

① 明確な倫理基準の設定
② 緊急時においても善悪の判断ができる人材の育成
③ 的確に機能する監査システムの確立

などが重要となる。

そして実際に倫理政策を実施するには、

① 倫理違反など、モラルに関する判断の基準がなく、正しい判断をすることが極めて難しい。

② 倫理基準が正しい判断が出来ないうえ、さらに不正行為が告発された場合、組織的な対応ができないために社会的信用の失墜によるダメージが極めて大きい。

③ 社員に対して、会社の倫理政策に関する教育が実施されていないため、社員に倫理政策が浸透していない。

などの問題点を解決しなければならない。したがって、不正行為を防止するためには、倫理基準と行動マニュアル、そして的確に機能する第三者委員会を含めた監査システムの確立が不可欠である。

第2節　経営トップの意思決定と倫理観

不祥事は、企業組織または社員それぞれを危機的状況に直面させてしまう背信行為であるが、特に問題として取り上げなければならないのが、経営トップの意思決定と倫理観である。

図7－2は経営トップの意思決定の段階における主観性と客観性の関係を示している。これによると、人が意思決定する場合は、その時点における社会環境など外部要因に作用され、自らもそれを意識せざるを得ない。まず企業を取り巻く社会情勢に合致することを意識して意思決定をする。もう1つ重要なことは、主観的立場での意思決定である。主観性に基づく意思決定と客観性に基づく意思決定とが重要な部分でバランスを保ちながら決定されなければ、現在経営トップに問われている経営倫理が損なわれる。

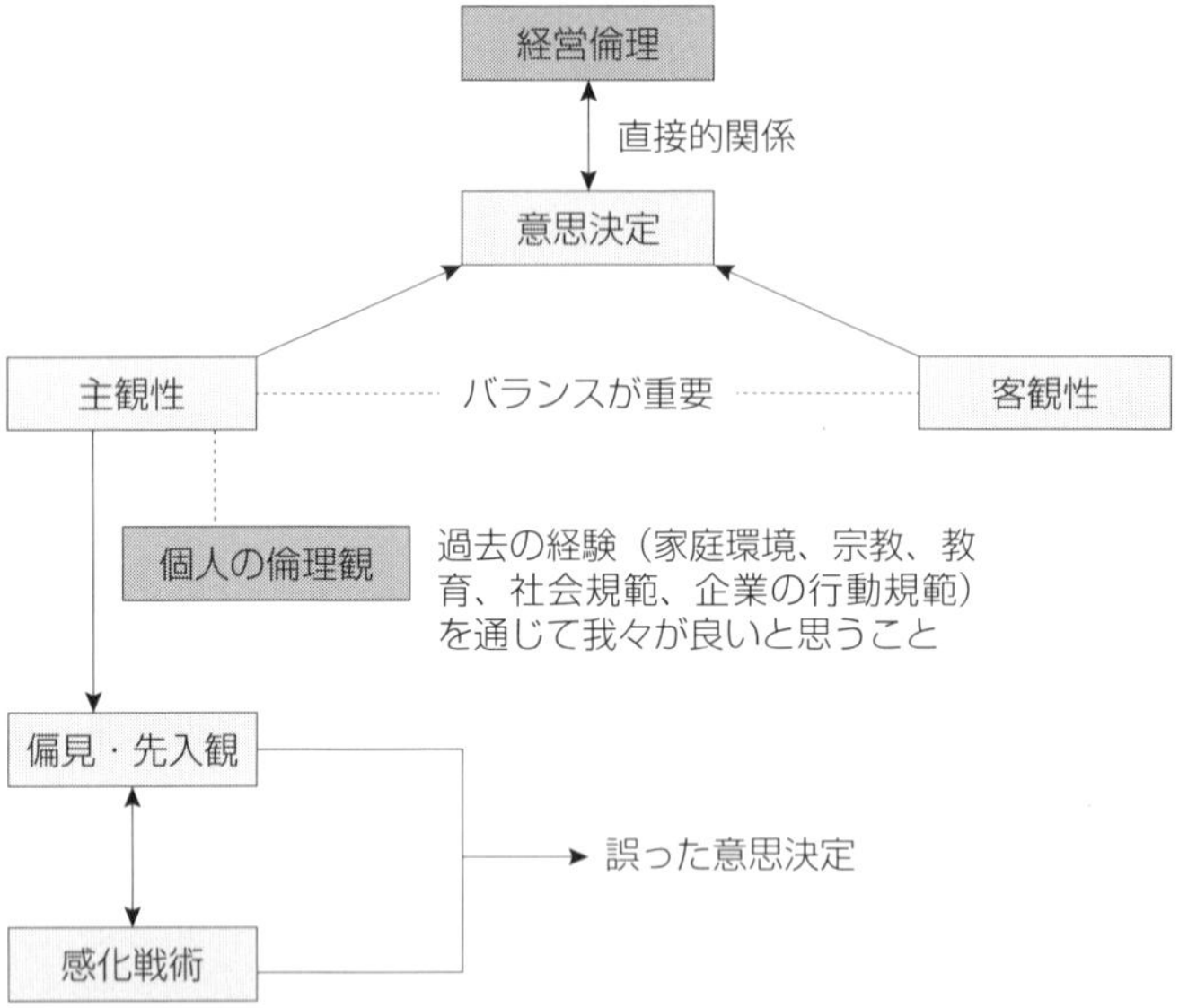

図７－２　経営トップの意思決定と倫理観

出所：筆者作成.

意思決定の主観性において重要なものは、個人の倫理観である。個人の倫理観は、過去の経験＝人格形成に大きなウエイトを占める家庭環境、人の内面を形成する宗教性、知育・徳育・体育の３つの教育、社会規範、企業の行動規範などを通じて構成される。

個人の主観性はともすれば、偏見・先入観や外部からの刺戟により感化され、偏見・先入観とともに誤った意思決定をすることに陥りやすくなる。

第３節　不祥事が発生する社会風土

日本企業の「ムラ社会」では、「ウチ」「ヨソ」の身内意識が非常に強く、企業内において情報を秘匿したり、外部に対して平気で嘘をついたり、自己責任で選択できなかったり、集団心理（皆一緒主義）が働いたりして不正行為が行われるのである。

日本の伝統的な企業風土を根本的に改革するため

の旗振り役（改革者）は外部から招くよりもプロパーから異分子を登用すべきである。また「ムラ社会」を破壊するための対処療法としては内部告発と密告がある。

企業内で不正行為が発生する主な原因は、

(1)　経営トップの自覚不足
(2)　自分の会社さえよければと考える経営トップの姿勢
(3)　会社ぐるみでの隠蔽体質
(4)　企業倫理・企業活動が明確でない
(5)　特殊な企業風土がある
(6)　社内のチェック体制が整備されていない

などである。

こうした問題の対処法として、経営トップの社会的、法的、道義的責任の自覚や、社員からの内部告発、社員への倫理教育の徹底などがある。

第４節　内部告発による利益と不利益

内部告発をする社員のタイプは、一般的に既婚男性で高い自尊心を持ち、宗教、信仰心があり、高学歴者が多い。

内部告発者は、告発すれば悪事が浄化されると考えるが、時として恨みや怒りをかうことになる。しかし告発者は不正な行為は必ず名声、名誉が傷つけられ、悪い会社にダメージを与えることが出来ると考える。

▩告発による利益

(1) 公共の利益になる……告発は国民に正しい認識を持たせる。

(2) 不忠義に対する非難……告発はチームの和を乱すと言われる。しかし不正を行っている組織の中での行為は忠義とは言わない。例えば、精肉会社の工場の従業員が産地偽装を世間に告発した場合、その行為が正しい行為であると世間は認めるであろう。

▩告発による不利益および障害

(1) 企業は秘密漏洩阻止のため多額な出費を余儀なくされる。

(2) 内部告発はチーム内の不和を招き、猜疑心が生まれ調和が崩れる。

(3) 不法であるが、会社は社員の電子メールやインターネットの送受信を監視することがある。

(4) 内部告発さえすれば、すべて認められるという考えは誤りである。なぜならば個人的倫理、つまり先入観や偏見などがあり得るからである。

(5) 日本における現行の法制度では、告発者も不利益を被る恐れがある。

第５節　企業の不正行為防止策のための監査役の役割
――誰が監査役を監査するのか――

企業の不正行為の主な防止策には、

(1) 外部監査（財務的監査、環境アセスメントなど）および外部委員による第三者委員会の設置。
(2) 社外取締役を役員会のメンバーに加える。
(3) 社外組織とのコミュニケーション（マスコミ対策、早期警戒システム、相談室の設置（24時間ホットライン）、対応マニュアルの作成など）。

がある。

これらのうち外部監査の職務は、財政的な不正の兆候を経営トップや社員、さらには株主に対して報告することである。例えば、経営トップによる粉飾決算問題が公にされる前に発見し企業にとって不利益と思われることでも公明正大にすることが、監査役の職務の具体的な一例である。しかしながら、ただ監査役を置くだけで正しくチェックが機能するかといえばそうではなく、むしろ彼らが企業と利害を共にすることが多い。そのためネガティブな内容については、きちんと監査するどころか、むしろ組織だった隠蔽工作に加担するケースが多く見られる。これはいわゆる内部監査役そのものの構造的な問題であり、その対策として公正な判断ができる外部監査役を登用することである。
次に、監査役が果たすべき役割は次の通りである。

Ⅰ　監査役の在り方

(1) **外部監査役の推奨**……これは監査役自らの職域を侵されるものであり、場合によっては自らに不利益をもたらすことさえあり得る。
(2) **総合的な監査役の役割範囲の決定**……監査役としての職域を明確にする。
(3) **内部監査システムの再検討**……内部監査活動の妥当性を再検討すべきである。

Ⅱ　監査役の役割

(1) **年4回以上の監査報告書の作成**……虚偽のない監査任務を遂行しなければならない。
(2) **経営トップが行うことのできない監査任務の遂行**……これは職域として保証されていることである。
(3) 経営トップ・社員および株主への不正行為の兆候の報告をすることが重要となる。

Ⅲ　監査役の「職務遂行のポイント」

(1) **不正財務報告の発見および外部監査役の監査範囲の明確化**……監査委員会は外部監査役が標準に基いた監査を行うことと、それによる監査の限界も理解すべきである。
(2) **財務政策の把握**……監査委員会は今後議論の対象となる財務政策に関して把握しておかなければな

らない。さらに日常的ではない重要な取引に関しても把握しておく必要がある。

(3) **経営方針・巨額取引の把握**……多額の取引や長期間に及ぶもの、何種類もの支払方法が考えられるものについては特に把握しておく必要がある。

(4) **監査過程の把握**……監査過程におけるシステム的な問題にできるだけ敏感でなければならない。

(5) **会計方法の把握**……経営陣との会計方針に対する見解の相違を考慮しておく必要がある。

第6節　企業における危機回避のための不祥事対策

不祥事発覚前の対策　予防的対応

(1) 危機を起こしにくい制度の確立

■性善説から性悪説に立った設計

■第三者機関による企業の評価

(2) 危機を発見する仕組みの構築

■事後チェック（監査体制）の強化

■風評や情報提供は宝

■公益通報の積極的活用

(3) 社員の不祥事の早期発見と対応

■観察制度の見直し・強化
■通報制度の充実
■第三者によるコンプライアンス委員会の設置

不祥事発覚後の対応

(1) 不祥事発覚時の適切な対応

■人命救助、徹底調査、マスコミ対応
■マスコミ対応の原則
隠さない、嘘をつかない、徹底して究明

(2) 処分と再発防止

■明確化した場合は断固とした処分
■コンプライアンス委員会の助言

事前対策Ⅰ 制度面からの予防(1) ➡不祥事を起こしにくい制度を設置する

■未然防止は最大の危機管理である
■常に最悪の事態を想定し、性善説ではなく性悪説に立った制度設計が必要

事前対策Ⅱ 制度面からの予防(2) ➡危機を早期発見する仕組みをつくる

■ハインリッヒの法則
災害や事故・事件の発生頻度から推計したリスクが顕在化する確率を経験則にしたもの。

１つの大事故の背景に29の小事故、小事件が発生していて、その前には損傷はないが約３００のひやりとしたミス体験がある。「１対29対３００の法則」とも呼ばれている。

■早期発見のためのツール

風評、内部告発からの情報提供

⬇ホットラインステーション等による通報の積極的活用

重要情報は必ず上司に（場合によっては所属部門の担当役員か経営トップ）に上がる仕組みをつくる

事前対策Ⅲ　制度面からの予防⑶⬇**監査・内部監察**

■内部監査の実施

外部からの通報処理状況、監査の実施状況等について、監査官室等による内部監察を実施

事前対策Ⅳ　早期発見と対応

■**通報制度の充実**

不正を外（マスコミ）に出す前に内部で発見

不正を見て見ぬふりをしない⬇通報の義務化

■**通報者の保護**

第３者（弁護士など）によるコンプライアンス委員会の設置

事前対策Ⅴ　通報窓口の検討例

■社内窓口⬇

例えば、社内の総務部内に担当責任者を設置
メールおよび専用電話による受付
留意事項：——実名通報すること（信憑性のある情報が必要。また標榜中傷の通報を減らす）
——通報者の氏名を通報者の了解なしに第三者に伝えないこと
——通報者が通報したことによって一切不利益を受けないこと

■社外窓口⬇
外部の弁護士事務所に委託設置、内部では伝えにくい場合でも通報できる
留意事項：——実名通報すること

事後対応Ⅰ　**調査後の適切な対応**⬇**処分と再発防止**

■不正が明確化した場合は、断固とした措置（懲戒、刑事告発等）をとる
■管理・監督の責任も必ず問う
■グレーの場合は、コンプライアンス委員会の助言・勧告に基づき対応
■再発防止策の取り纏め（第3者の意見も取り入れる）
■それまでの制度では不適切、不正な処分等の発生が防ぎ得ないとすれば制度全体を見直す
■被害者が発生した場合の救済策を日頃から検討することが必要

事後対応Ⅱ　**発覚時の適切な対応**

(1)　隠蔽が最大のリスク

■発生事実よりも「隠していたこと」がもっとも非難される

(2) 分っている事実が一部であっても、公表する

■隠さない、嘘をつかない、徹底して説明する

(3) 定期的記者会見（途中経過も発表）

■対マスコミ担当者の一元化が不可欠

(4) 調査の実施

■調査の信頼性を高めるためには、コンプライアンス委員会等第三者による調査も

(5) 再発防止策のとりまとめ

■内容検討に当たっては、第三者による委員会が不可欠

第７節　企業の危機管理に関する問題意識

(1) 危機発生後の対応が危機管理の中心になっていないか？

■危機管理への対応は通常業務と同様に重要な業務

■緊急時の臨時業務的扱いの打破

■欧米では事前対応こそ最高の危機管理という認識

■十分な事前対応ができれば、危機発生においてより効果的な対応が可能

(2) 各社員の危機管理に関する認識が不足しているのではないか？

■危機管理を担当した経験の有無で、危機管理への認識に大きな格差

■危機管理に関する研修や訓練も不十分

■日常業務を通じて、必要な危機意識、危機対処能力を身に付けるには限界がある

■恒常的教育、意識付けが効果的

(3) 危機発生時の対応が迅速に行える権限・責任体制になっているか？

■危機発生時の意識決定に関し、様々な不安定要素が存在

存在に対応するためには、通常とは別の手順が必要

■危機管理担当部署に権限・責任を集中⬇迅速な対応へ

(4) より戦略的な危機広報ができないか？

■危機発生時は機動的かつ一貫した対応が必要

危機対応のスポークスマンが重要な役割

■危機広報の鍵は、①スピード、②弱者からの判断、③透明性

(5) 日常業務が多忙により、危機終了後の検証が疎かになっていないか？

■喉もと過ぎれば熱さ（危機管理）も忘れるのが早い日本人

■危機終了後は、危機管理方法を実態に即して見直すことができる機会

事後対応Ⅲ 制裁

（1）　制裁は不正が確認された社員には漏れなく公平に行うことが必要（見せしめ効果）
（2）　制裁は効果のある（痛みの伴う）形で、迅速に（必要な場合刑事責任確定を待たずに）実施
（3）　重大な危機の原因者には、刑事罰による告発

事後対応Ⅳ　予防へのフィードバック

不幸にも危機を経験した場合には、制度的なウィークポイントの分析を行い、予防対策へのフィードバックを行う。

事後対策や対マスコミ対応結果をもとに以後の対応方法への改善に役立てる。

想定される不祥事

役務上の不祥事

■社員が積極的に関わるもの
●実験データの詐称
●公金の不正流用、水増し請求等
●裏金づくり、公金横領、背任
●アカハラ行為、パワハラ行為、セクハラ行為
●部下に対する人権侵害、暴言行為

■不当要求に屈するもの
●強要、脅迫による不正な許認可

■社員のプライベートでの不祥事

●交通事故（ひき逃げ、飲酒運転、無免許等）

●痴漢行為、公金横領等

《組織における不祥事発生の構図》

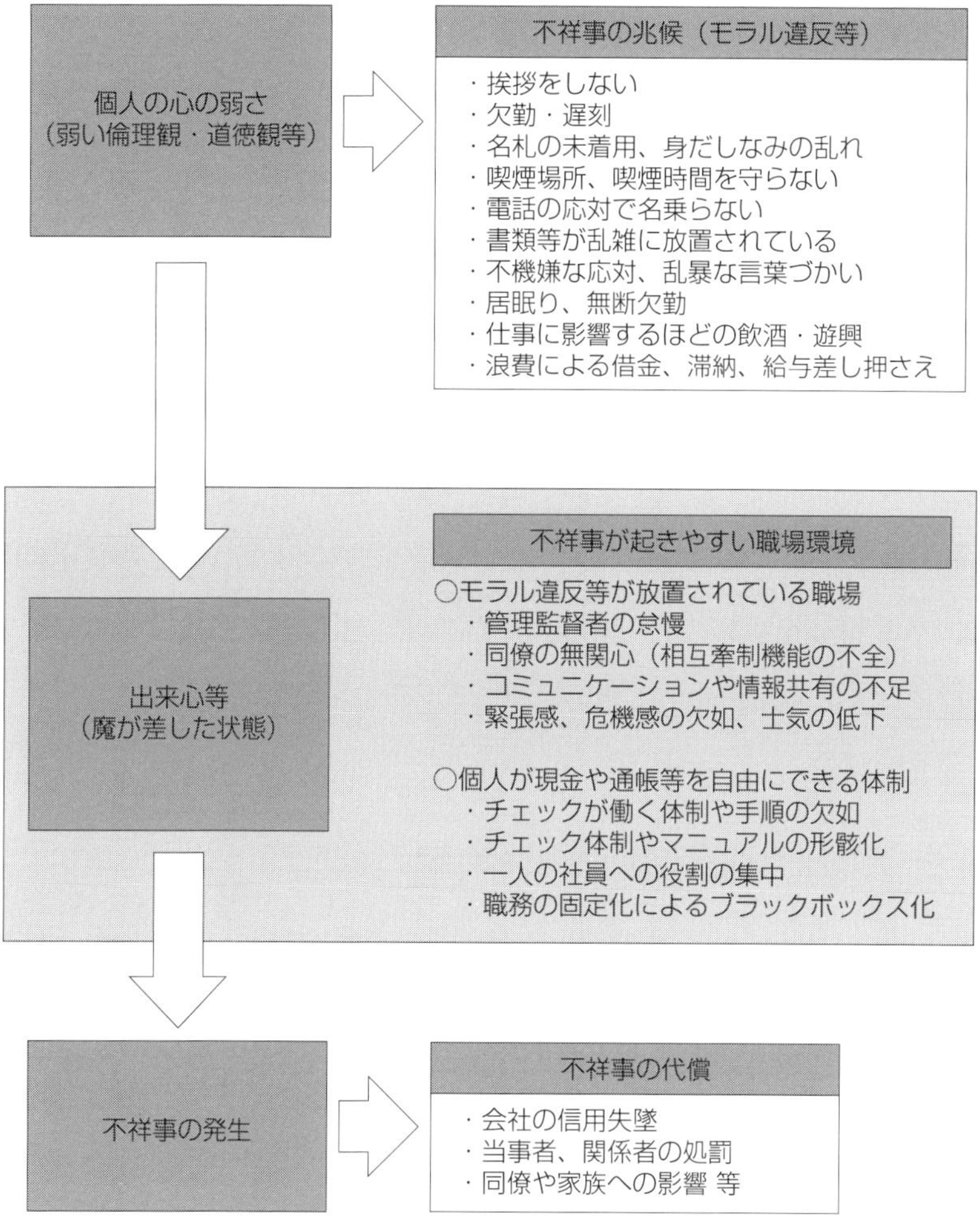
個人の心の弱さ
（弱い倫理観・道徳観等）
不祥事の兆候（モラル違反等）
・挨拶をしない
・欠勤・遅刻
・名札の未着用、身だしなみの乱れ
・喫煙場所、喫煙時間を守らない
・電話の応対で名乗らない
・書類等が乱雑に放置されている
・不機嫌な応対、乱暴な言葉づかい
・居眠り、無断欠勤
・仕事に影響するほどの飲酒・遊興
・浪費による借金、滞納、給与差し押さえ
出来心等
（魔が差した状態）
不祥事が起きやすい職場環境
○モラル違反等が放置されている職場
・管理監督者の怠慢
・同僚の無関心（相互牽制機能の不全）
・コミュニケーションや情報共有の不足
・緊張感、危機感の欠如、士気の低下
○個人が現金や通帳等を自由にできる体制
・チェックが働く体制や手順の欠如
・チェック体制やマニュアルの形骸化
・一人の社員への役割の集中
・職務の固定化によるブラックボックス化
不祥事の発生
不祥事の代償
・会社の信用失墜
・当事者、関係者の処罰
・同僚や家族への影響 等

第8章　「企業危機管理学」の学際的研究領域
――マクロ研究およびミクロ研究の視点から――

第1節　「企業危機管理学」のマクロ研究領域

図8-1・2は筆者が作成した非軍事分野に焦点をあてた「企業危機管理学」の学際的な研究領域を示したものである。これによると、「企業危機管理学」の学際的研究領域は、マクロ研究領域およびミクロ研究領域に大別することができる。

まず、マクロ研究領域においては、主に①歴史学的研究、②理論研究、③文化論的および社会心理学的研究、④セキュリティー・マネジメントの4つの研究領域がある。

歴史学的領域においては、自然災害（地震災害、津波災害、土石流災害、洪水災害など）に関する考古学的考察である。東日本大震災の巨大津波による電源喪失で東電福島第一原発事故が発生し、事故当時の東電の会長、

図8-1 「企業危機管理学」のマクロ研究領域

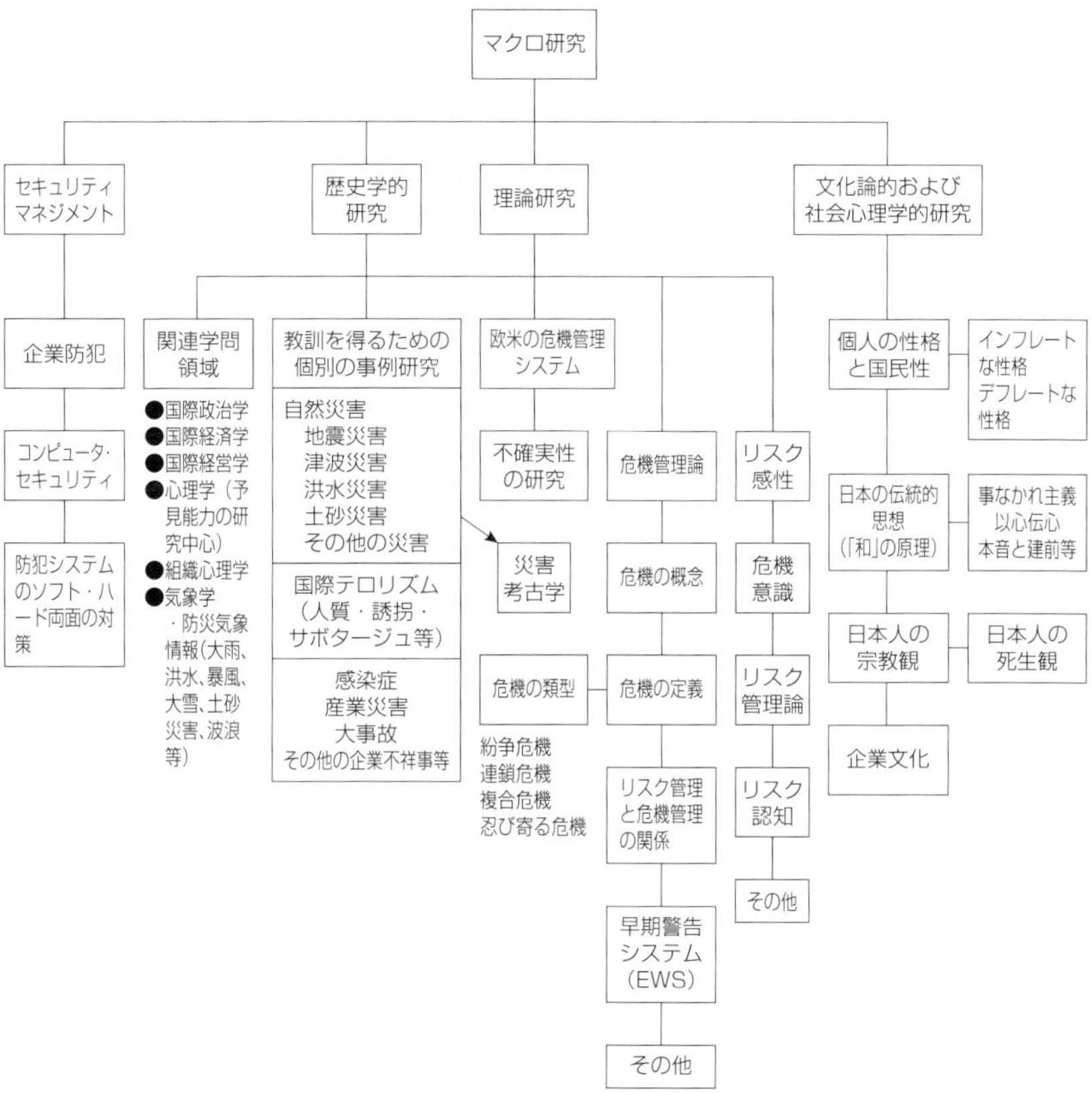

出所：筆者作成.

社長、元首相ら42人が業務上過失致死傷などの容疑で告訴・告発された。だが東京地検は、襲来した高さ約11・5～15・5ｍの大津波は具体的に予想できず、安全対策や事故後の対応に過失なかったと判断し、全員を不起訴処分とした。ところが、三陸沖で明治時代以降に発生した津波災害について歴史的に調査をしてみたら、1896（明治29）年6月15日に24ｍの大津波を記録し、約2万1900人が犠牲になった記録がある。また、1933年にも三陸沖で24ｍの津波が発生して300

図８－２　「企業危機管理学」のミクロ研究領域

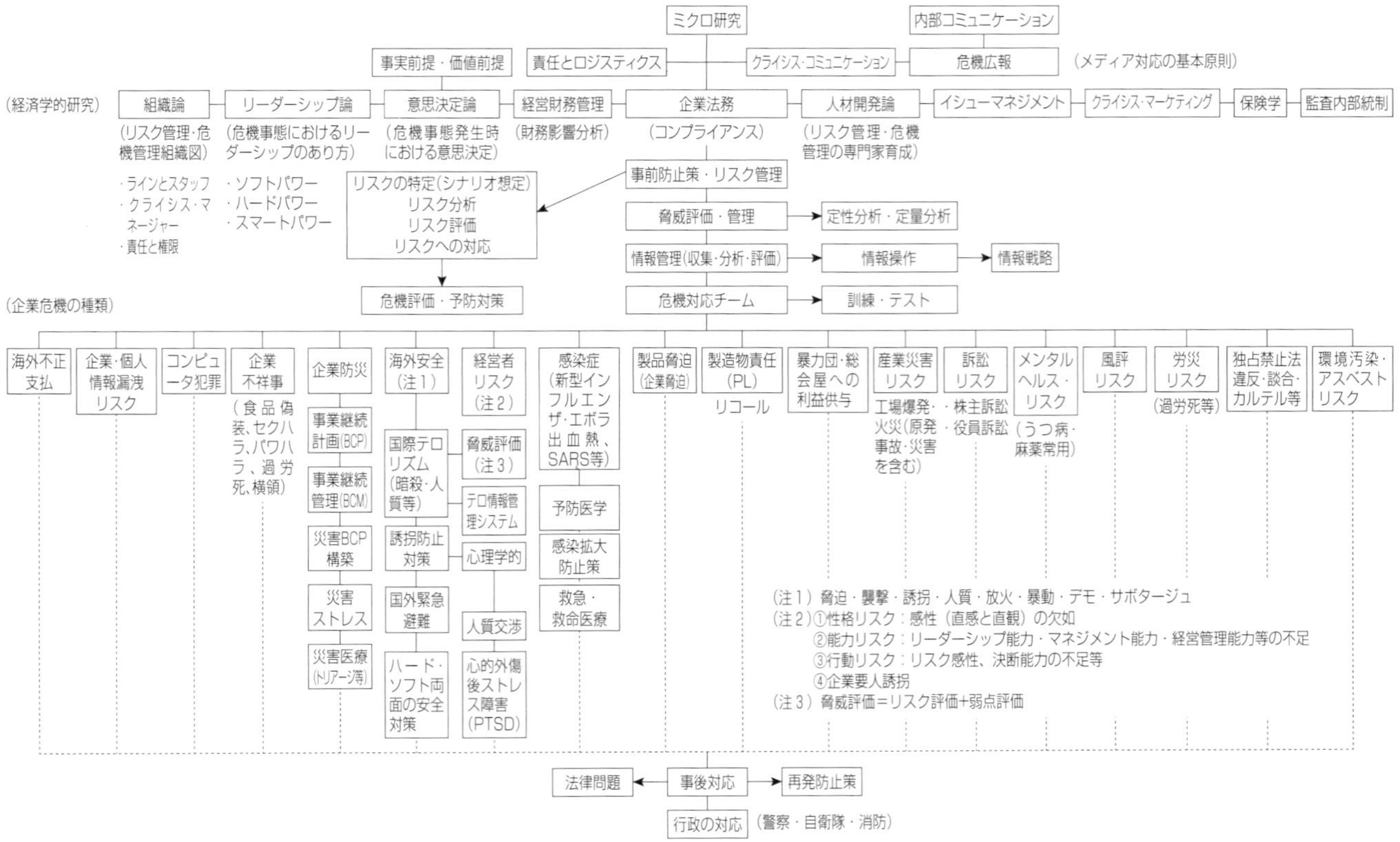

出所：筆者作成.

０人以上の住民が犠牲になっている（大泉光一著『災害・環境危機管理論』晃洋書房、１９９５年、１０８～１０９頁）。このように過去に発生した災害を歴史的に調査し、被害状況を知ることで様々な教訓を得ることができるのである。

一方、国際テロリズム（派遣社員の人質・誘拐事件、工場爆破、サボタージュなど）、感染症、産業災害、大事故など、**過去に起きた個別の大事故・大事件**から教訓を得るための事例分析研究が重要となる。

危機管理に関する理論研究では、危機の概念　危機の定義、危機の類型（紛争危機、連鎖危機、複合危機、忍び寄る危機）、リスク管理と危機管理の関係、早期警戒システム（ＥＷＳ）などが研究対象となる。そのほか、リスク感性、リスク認知、危機意識、リスク管理論などがある。さらに、欧米諸国における危機管理システムの先行研究の考察も重要である。

「不確実性」の研究では、不確実性の定義が、統計学の分野では確立されているものの、プログラムまたはプロジェクト・リスク・マネジメントの分野においては、まだ確固とした定義は確立されておらずその研究が必要である。

マクロ研究領域の文化論的および社会心理学的研究では、個人のリスク感性や危機意識に関わる個人の性格分析や国民性の特性についての考察である。とくに、リスク感性や危機意識は個人の性格によって大きく異なるが、個人の性格を「自己の見方を過小評価する性格」および「自己の見方が非現実的な性格」と「自分自身を肯定的に評価できる性格」の３つに分けて心理学的に考察すべきである。

なお、「東電福島第一原発事故」後に、政府や企業の「危機事態におけるリーダーシップ」の在り方が問題となり、「事なかれ主義」、「本音と建前」や「以心伝心」など、日本の伝統的思想（「和」の原理の研究）と危機管理に関する文化論的考察が注目される。また危機管理に大きな障害となる日本人の危機意識の形成に大きな関わりを持つ日本人の死生観や企業文化論も研究対象となる。

マクロ研究領域内のソフトおよびハード両面の企業（防衛）防犯対策（入退室管理システム等）や情報セキュリティーなどを研究対象とする「コーポレート・セキュリティー・マネジメント（Corporate Security Management）」（企業保安（防犯）管理）の研究は、本来は企業危機管理学から独立した形で行うべきである。ここでは企業危機管理学の一テーマとして捉え、研究対象とした。そもそも「セキュリティー」という語は2つの意義に理解されている。1つは、企業の人的・物的リソースの安全を確保するという行為ないし制度を意味する場合である。2つ目は、そのような機能を職責とする部門の称呼である。また、「セキュリティー」とは、企業の資産（人的・物的、有形・無形）を適切に保護し、顕在・潜在のリスクに対して効果的に対応し、企業活動が中断されることなく円滑に継続できるようにすることである。特にサイバー攻撃から重要インフラなどを守る「サイバーセキュリティー」を研究対象とする。なお、情報セキュリティーは技術や経営以外に、法制度や倫理学からのアプローチが必要である。

またセキュリティー・マネジメント・システムの構築に必要なマスタープランの作成には、①セキュリティー・マネジメント組織、②情報管理システム、③平時における危機回避システム（早期警戒システム）、④緊急時における緊急時対策システム、⑤システムのメンテナンスおよび教育システムなどの研究が重要となる。ちなみにわが国で「セキュリティー・マネジメント（安全管理）」という用語が初めて使用されたのは1984年に出版された大泉光一著『セキュリティー・マネジメント』（PHP研究所）によってである。
さらに関連学問領域として、国際政治学、国際経済学、国際経営論、組織心理学、気象学など多岐にわたっている。

第2節　「企業危機管理学」のミクロ研究領域

一方、「企業危機管理学」のミクロ研究の要諦の1つは、組織内部コミュニケーションと危機広報（メディア戦略）から成る「クライシス・コミュニケーション」である。とくに、後者の危機広報、すなわちマスコミ対応戦略の研究は、危機が起きた場合に組織の存亡にかかわることなので極めて重要である。

経営学的な見地からの危機管理の組織化に関する研究には、計画の立案、管理の確立、危機管理対応チーム部門の組織化、危機管理メンバーの選考、人材育成、監督、危機管理機能の促進、部門評価が含まれる。

次に、リーダーの危機事態におけるリーダーシップに関する研究である。リーダーの危機対応の基本的な手順を、①危機発生現場での初動対応、②対策本部又は危機管理センターへの通報、③状況認識、④脅威評価、⑤対応方針の策定、⑥危機対応組織の構築、⑦危機管理対策の「費用対効果」の7分野に分類して各々研究対象となる。これらのうちリスク評価と弱点の評価にニーズを加えた脅威評価（Threat Assessment）は、一般的にリコネッサンス（Reconnaissance：探索活動）、のほか、危険要素（インディケーター：Indicator）のチェックリスト分析や定性分析および定量分析に重点を置いて研究が行われる。また危機事態におけるリーダーの行動指針の検討も必要となる。

経営学的な視点からの危機事態における「意思決定論」の研究は、危機事態における「リーダーシップ論」の研究と同様に企業危機管理学研究の要諦と言える。

企業の危機管理を長期的に推進する場合、危機管理に関する広範囲な専門知識を有した人材育成の研究は極めて重要である。危機管理の計画立案や訓練をリードする立場の危機管理の専門家（Crisis Manager & Crisis Director）の育成を目的とした研究（人材育成のためのカリキュラム内容、訓練方法等）が望ましい。

イシュー・マネジメント（Issue Management）は、企業の経営体が将来直面するかもしれない法的規制などの問題に対し、それを危機として取り組んで研究すべきである。

リスクマネジメント〈危険管理〉を、危機管理の事前（防止）対応活動（クライシス・コントロール）として認識し、危険管理として、リスクに結び付きそうな兆候や潜在的危機を発見し、危険物や火災による人命および財産への被害を削減する手順を策定するための研究である。

クライシス・マーケティング（Crisis Marketing）を、危機のチャンス（好機会）の活用戦略と考え、企業活動における具体的な運用面に関する研究である。

企業法務の研究領域の中の「情報管理」は、情報操作や情報戦略について考察し、危機対応チーム（Crisis Management Term : CMT）では、危機対応要員（実働部隊のメンバー）の専門教育や訓練法などについての研究である。

企業危機の各論の研究範囲は、非常に幅が広く近年の企業社会の複雑化やＩＴ（情報技術）の発展などによって、新しい危機事象が増大しており、それらに関する学際的研究が望まれている。主な新しい企業危機の研究対象には、「個人・企業情報漏洩リスク」がある。「情報漏洩リスク」では、企業の製造ノウハウや技術などの海外流出防止策の研究が緊急課題となっている。ちなみに、営業秘密を巡っては、高級鋼材の製造方法を韓国の鉄鋼大手ポスコ社に盗まれたとして新日鉄住金が訴訟を起こすなど、日本企業の営業秘密が海外のライバル企業に持ち出された疑惑が後を絶たない。一方、ベネッセコーポレーションの３５００万件以上の顧客情報漏した企業イメージの低下リスクも計り知れない。個人情報を扱う企業にとっては相応の対策が求められている。企業として守るべき情報が増えれば増えるほどリスクは増大する。特に内部犯罪対策は、犯罪を起こす動機を無くすこと、容易に不正が出来なくすること、不正をすればすぐに分るようにすることが重要である。そしてこれをいかに安価且つ簡単に実施できるようにするかの研究が求められる。

近年、企業社会において、冷凍食品への異物（農薬）混入、大手都市銀行の系列子会社による暴力団への不正融資、日本の企業統治の象徴的な問題として海外から厳しい目を向けられたオリンパス社の損失隠し問題、産地偽装事件などの「企業不祥事リスク」が激増している。とりわけ１９８4年9月に起きたグリコ・森永事件をきっかけに、危機管理や危機への対応は企業経営の最重要課題となっている。

また、数年前までは考えられなかった女子従業員に対するセクハラ行為や上司によるパワハラ行為が時には訴訟問題に発展し、企業イメージの低下を招く恐れがある。したがって、不祥事発生時の初動対応法、マスコミ対応の誠実さ、責任の取り方などの成功事例と失敗事例の研究を通して教訓を得ることが大切である。

東日本大震災後に注目されているのが「企業防災」に関する研究である。東日本大震災で事業停止や減産に追い込まれた企業は自社の被災に限らず、取引先やさらにその先の取引先が被災したことで部品や資機材を調達できなくなったケースが多かった。こうした問題を背景に経済産業省の行政指導による、「事業継続計画（ＢＣＰ）」や「事業継続管理（ＢＣＭ）」が大企業だけでなく中小企業にも積極的に導入されるようになった。

「事業継続計画」とは、自然災害や事故、感染症の流行など、企業活動を阻むリスクに直面した際に、損害を最小限に抑えながら事業を継続するための方法や手段を事前に決めておくことである。具体的には想定されるリスクが経営に与える影響を予測し、優先して継続・復旧すべき中核事業を特定。いつまでにどの水準まで中核事業を復旧させるかの目標を定め、事業拠点や生産設備、調達網などについて復旧の手順や代替策を用意することが骨子となる。なお、内閣府が策定した「事業継続ガイドライン」では、ＢＣＰの策定にあたってはまず災害の規模と自社の被害についてシナリオを定め、どこまで耐えられるかという視点で復旧の程度と目標時期を設定する。それをもとに必要な設備の復旧体制や重要業務をどこで代替するかなどを詰めていく段取りを示している。

「企業防災」に関する研究領域では、大震災や巨大津波などに備えた事前の減災対策だけでなく、「災害ストレス」や広域災害発生に伴う災害医療分野の社会心理学的および医学的な考察が必要である。

企業のグローバル化の進展に伴い在外進出企業数や海外派遣社員数が激増している。そしてそれに伴って事件や事故に巻き込まれる件数も年々増えている。わが国における在外企業の海外安全（危機管理）問題に対する本格的な研究への取り組みは、およそ30年前の昭和50年代に社団法人日本在外企業協会「海外安全委員会」（主査：東海大学助教授（当時）首藤信彦氏、主査代行：日本大学助教授（当時）大泉光一）において始められた。当初は、米国務省の海外安全対策協議会（ＯＳＡＣ）の活動内容の調査研究や、海外派遣社員の生命と財産を守るための「誘拐防止対策」や「爆弾脅迫対策」の理論研究および海外における実証研究に従事し、わが国で初めて首藤・大泉の共著で『海外安全の知識と実際――外国で危険から身を守る――』（ダイヤモンド社）という啓蒙書が出版された。その後、海外安全問題の各論（緊急避難、人質・誘拐、武装襲撃等）の研究が進められ、具体的な対応に関するソフト・ハード両面のノウハウも蓄積されるまでに至った。ところが、イスラム過激派組織による国際テロ活動に関する諜報活動の不備やテロ攻撃に対する適切な脅威評価ができなかったことなどが要因となって、２０１３年1月にアルジェリアにおいてイスラム過激派組織による武装襲撃および人質事件が発生し、多くの邦人ビジネスマンが巻き込まれて犠牲になった。このテロ事件を契機にイスラム系過激派組織に関する研究、ソフト・ハード両面のハイレベルの危機管理対策と国際テロ情報の収集、分析、評価の学際的研究の必要性がクローズアップされた。

ところで、国内外における「製造物責任（ＰＬ）」リスクは近年、増加傾向にある。パロマ湯沸かし器のＰＬ事故では経営トップが逮捕・起訴され、裁判で有罪になるという前代未聞の事態に発展した。また自動車部品メーカーのタカタ製の欠陥エアバッグを巡る問題で、ホンダが相次ぐリコール（回収・無償修理）に加え、米国で２００３年から10年以上、死傷事故を含めた１７２９件の事故報告を怠っていたことが明るみに出た。２０１１年の時点で報告漏れの可能性を把握していたが、本格調査に乗り出したのは２０１４年9月と、後手の対応に批判が強まった。このように日本メーカーが米国でリコール問題を巡り追及を受ける歴史が繰り返されている。ただ、リコール問題に関して日米間に大きな考えの相違が見られるので、この点に関する比較研究が必要である。

新型インフルエンザやエボラ出血熱などの感染症リスクは、厳密にいえば医学的な研究領域であるが、企業の防疫対策では、保健所の協力を得て、ウイルス系感染症の予防対策、感染経路対策、社員個人の衛生管理のあり方などを研究対象とする。なお、効果的な感染症危機管理のアプローチは、危機管理活動を鎮静、準備（事前対策）、対応、復旧（事後対応）という4つのステージに分類して研究する方法がある。

企業の環境リスクとは、企業活動を行ううえで、何らかの形態によって生態系や人間の健康的な生活に悪影響を及ぼす環境汚染を発生、もしくは関与したために、その責任を追及され賠償をはじめとする様々な損害を企業が被ることである。公害が人間の社会的活動によって自然や生活環境が侵害され、それによって人間の健康障害や生活困難が発生する現象に対して、環境リスクはこの公害と言う社会的災害の結果として生じた現象に対して企業側の観点から見たリスクのことをいう。また、環境リスクは、爆発・炎上事故などの産業災害や、労働者の作業中に発生する労働災害の結果としても発生しうるものである。ここでは、製造業界や化学業界が直接的に関係する有害物資管理としての環境リスク管理を研究対象とする。なお、環境リスクは他のリスクとは異なり、その現象が突発的に発生せず、また根本的な発生要因が企業の活動自体によるため、十分な対策を講じることによって未然に防ぐことが可能なのである。

企業の談合・カルテルなどの独禁法違反リスクは、3つに大別できる。1つ目は刑事訴追・行政処分で、企業に罰金、役員・社員に禁錮刑などが科される。2つ目は民事訴訟であり、会社がユーザー企業や消費者から損害賠償を求めて提訴されるリスクが生じる。３つ目は株式代表訴訟であり、株主が役員などの責任を追及し、役員が賠償金支払いを請求される。近年、海外を含めた当局の摘発強化や厳罰化によって、前記３つのリスクはかつてに比べて大きくなっている。特に、株主代表訴訟では、光ケーブルを巡ってＳ電工の株主が日本で提訴し、当時の役員ら22人が５億２０００万円の解決金を支払う和解が成立している。直接その事業を指揮していない取締役も責任を問われるリスクがある。また自動車部品のワイヤーハーネスを巡る国際カルテル違反で、欧米当局から自動車部品会社Ｙ社が数百億円の罰金や制裁金の支払いを命じられている。このように違反企業に対する当局からの罰金支払いの額が巨額の場合、企業経営に大きなダメージを与えるだけでなく、企業のイメージ低下を招くことになる。したがって、「独禁法違反リスク」の研究には、国内外の法的規制の問題に重点を置くことである。

企業の「海外不正支払リスク」は経済協力開発機構（ＯＥＣＤ）の外国公務員贈賄防止条約に日本が署名したことから、１９９８年に「不正競争防止法」を改正し、外国公務員に対する贈賄禁止規定を新設した。２００４年の法改正で、日本国内の企業に加え、海外現地法人の行為も対象となった。個人の罰則は５年以下の懲役または５００万円以下の罰金、法人は３億円以下の罰金が科される。したがって、日本企業が海外贈賄行為で米海外腐敗行為防止法（ＦＣＰＡ）違反に問われないようにするには、米司法省のガイドラインの内容を知り、それらの順守を徹底することが必要である。日本企業には、腐敗問題への対応は法務部門に任せておけば良いという風潮がある。つまり法務部門は「経営トップは知らなかった、ということにするのが合理的な防衛策」と考える傾向を持っている。だが、経営トップは「知らなかったこと」にするのではなく、問題を直視し現実的に対処することが合理的な防御策であることを知り、強力なリーダーシップを発揮しなければならないのである。

最後に、事後対応の研究領域では、危機の事後処理に伴う法律問題、行政の危機管理対応、再発防止策などが研究対象となる。

参考文献

Curtin, Tom, Daniel Hayman and Naomi Husein (2005), *Managing A Crisis : A Practical Guide*, Palgrave Macmillan, pp. 35-41.

MaeCrimmon, K. R. and Wehrung, D. A. (1986),*Taking Risk : the Management of Uncertainty*, Free Press.

Rowe, W. D. (1979), "Introduction to Risk Assessment" in Goodmanm G. T. and Rowe, W. D. (eds) *Energy Risk Management*, London, Academic Press.

Simon, A. Booth (1993), *Crisis Management Strategy : Competition and Change in Modern Enterprises*, Routledge, pp. 94-95.

Slatter, S. (1984), *Corporate Recovery : A Guide to Turnaround Management*, Harmondworth, Penguin.

Witt, James Lee and James Morgan (2002), *Stronger in the Broken Places : Nine Lessons for Turning Crisis into Triumph*, Henry Holt and Company（小林薫監訳『非常事態のリーダーシップ――危機を乗り切る９つの教訓――』The JapanTimes, ２００３年)。

石田収（１９９６）「「生命の實相」に学んだ和田一夫の宗教的経営哲学」月刊『経営塾』臨時増刊（一冊まるごと和田一夫)、第11巻15号、通巻１３９号、78～81頁。

大泉光一（１９９８）『企業危機管理の理論と実践』中央経済社、１２３～１３４頁。

――（２００２ａ）『クライシス・マネジメント――危機管理の理論と実践――』（３訂版)、同文舘。

――（２００２b）「企業の不正行為と内部告発――倫理政策の確立が不可欠――」『国際経済研究』通巻第２４９号、51～55頁。

――（２００４）『危機管理学研究』（第２版）、文眞堂。

――（２０１２a）『危機管理学総論』（改訂版）、ミネルヴァ書房、１４７頁。

――（２０１２b）「なぜ、日本人リーダーは危機管理に失敗するのか――危機管理の最大の敵、日本の「和」の理念を問う――」名古屋大学・千葉科学大学共催『第２回　原子力事業所安全推進セミナー』教材所収、２０１２年12月６日、55～73頁。

日本経済聞『経済教室』２００８年５月19日付、22頁。

長谷川和俊（２０１１）「リスク管理：危険源発見の実際――重大な危険より、小さな危険への対応――」東京工業大学・千葉科学大学共催『原子力事業所安全推進セミナー』セミナー教材所収、２０１１年12月、48～49頁。

和田一夫（２００１）『ヤオハン　失敗の教訓』かんき出版。

企業危機管理研究会の紹介

「企業危機管理研究会」とは、日本大学国際関係学部大泉国際経営研究室のOB会を母体に、OB会会員の恩師であり、また、我が国における危機管理学研究のパイオニアとして知られる大泉光一博士の指導の下で、1988年3月に発足し、1995年10月に企業危機管理学の経営学的な学際研究および実践的な事例分析研究を行うことを目的にして名称を現在の「企業危機管理研究会」に改変し創設された我が国最古の研究会である。

本研究会では、1995年の創設以来、毎月1回の研究会実施のほか、毎年8月の夏合宿、毎年3月の総会・シンポジウムの開催を継続的に実施しており、本年10月で創立28周年を迎える。

静岡県伊豆の国市で毎年欠かさず実施している夏合宿での主な研究テーマは、「企業危機管理の理論研究」、「企業倫理」、「欠陥商品（PL）と企業危機管理」、「異文化が原因で発生するビジネス上のトラブル」、「国際経営環境とリスク分析」、「グローバル人材育成について——日本企業の海外事業展開に関するアンケート調査」、「リスク分析力の向上について」、「企業のグローバル化と危機管理」などである。研究テーマは、自然災害、雪印事件の教訓やコンプライアンスに対する社会的要請の高まりなど、企業危機管理におけるその時々のニーズに関連するものを取り上げた。

毎年3月に実施している年次総会（シンポジウム）では、大学教授や民間企業の経営幹部による講演会と意見交換を通じて企業危機管理の理解を深めている。また、毎月の定例研究会では、主に、会員企業の業務に関連する身近なリスクを取り上げて、それらの分析評価を行っている。

当研究会メンバーの大半は民間企業で、トップマネジメントをはじめ企画、総務、法務、経理、監査、営業などの分野に従事している実務家である。大泉光一先生からは研究会創設以来、危機管理全般の理論的なご指導を受けており、それらの専門知識を事例研究の分野に生かしている。従って、ある企業で〝危機〟が発生した場合は、それが他山の石ではなく、自社にも起こり得るということを想定しながら、議論することが出来る。

ところで、発生頻度が多く発生強度の強い危機は企業のどこに存在しているのか、その危機を予防・回避するための事前対応をどうすべきか、〝危機〟が発生した場合の緊急対応方法や危機の拡大を防止する方策は、マスコミ対応などを含めてどうすべきか、過去の発生した〝危機〟を教訓にしながら、実務家の目線で議論し、その結果を社会に還元することで貢献したい。

なお、近年、当研究会の研究内容等についてリスクマネジメントの専門的な観点からご教授下さった経済学博士（ｐｈ・Ｄ）大泉陽一氏（欧州住友商事勤務）に対し、この場をかりて深く感謝の意を表したい。

二〇一五年七月

高村和夫

【「企業危機管理研究会」主要メンバー】

名誉会長…大泉光一　青森中央学院大学大学院　教授、元日本大学　教授
会長………高村和夫　東芝機械株式会社　取締役
会長代行…有田喜一郎　群栄化学工業株式会社　代表取締役　副社長
副会長……舟窪　登　三機工業株式会社　プラント設備事業本部　統括部長
副会長……後藤知寛　東光株式会社　業務監査室　室長
副会長……林　嘉一　株式会社　電翔　ＳＩカンパニー　東京ＳＩグループ　新規事業開発部長
副会長……藤波　晃　矢崎総業株式会社　部長
副会長……佐藤正則　日本印刷株式会社　代表取締役　社長

【研究アドバイザー】

大泉常長　青森中央学院大学・大学院地域マネジメント研究科　准教授
井原孝延　臼井国際産業株式会社　専務取締役

【シニアフェロー】

山崎　健　国際警備株式会社　代表取締役　社長

【事務局】

事務局長…古谷伸之　三機工業株式会社　管理本部　人事部長
事務局……斉藤　隆　三機工業株式会社　三機テクノサポート株式会社　ＩＴサービス本部　担当課長

【研究会メンバー】（五十音順）

青柳　治　藤田観光グループ　株式会社フェアトン　品質管理部　部長
有村俊介　株式会社　牧野フライス製作所
石曽根和彦　国際警備株式会社　管制課　課長
稲葉一三　株式会社　牧野フライス製作所　スペシャリスト
上野敏男　三機工業株式会社　プラント設備事業本部　ウィーン駐在員事務所長
潮田　務　さとひろ社会保険労務士事務所　社会保険労務士
大石剛弘　日本電産サンキョー株式会社　産業機器事業本部
　　　　　ＣＲＤ事業統括部　管理部　生産管理グループ　課長
岡　正典　一般財団法人　関東電気保安協会埼玉事業本部
押尾隆広　矢崎総業株式会社　チームリーダー
押切智大　株式会社　牧野フライス製作所　MAKINO（THAILAND）Co., Ltd. Manager
亀井達治　東亜合成株式会社　東亜テクノガス株式会社　管理部　課長代理
川口正雄　セコム株式会社　倉敷支社　主任
河村秀則　東亜合成株式会社　機能化学品事業部　建材土木グループ　主事
蒲沼　聡　三機工業株式会社　中部支社　業務部長
栗原　亨　日本印刷株式会社　管理本部　人財開発部部長
桑野修一　株式会社　リョーサン　設備機器専売部
河野　淳　日本電産サンキョー株式会社　産業機器事業本部　ＣＲＤ事業統括部　営業部　営業第２グループ

後藤憲二　株式会社　ラボテック　クリーンサプライ事業部
齊藤智和　山洋電気株式会社　宇都宮支店　主査
佐々木寛　株式会社　牧野フライス製作所　Makino（China）Co., Ltd. North Regional Manager
澤居　晋　パナソニック株式会社　総括部長
菅谷寿好　パナソニック株式会社　課長
鈴木　孝　株式会社　牧野フライス製作所　リーダー
鈴木通博　Pole To Win Europe Limited、President
須藤洋介　英創安衆企業管理諮詢（上海）有限公司　総監
高山知之　古河電気工業株式会社　フォーム製品部開発・営業部　開発・営業グループ課長
田中智之　東芝機械株式会社　グループマネージャー
田中紀夫　ニッコー・ロジスティクス株式会社　主任
塚本隆司　株式会社　牧野フライス製作所営業本部　支店長
寺口　徳　東光株式会社　生産統括部　資材部　副部長
中野隆生　日本電産サンキョー株式会社　NIDEC SANKYO SINGAPORE PTE. LTD　兼 NIDEC SANKYO（THAILAND）CO., LTD. Managing Director
福田益大　三機工業株式会社　三机建筑工程（上海）有限公司営業部　担当課長
藤田智行　東芝機械株式会社　部長
真鍋明宏　株式会社　小糸製作所　国際本部　米州部　米州課　主事補
丸川洋一　パナソニック株式会社

三浦　仁　矢崎総業株式会社　執行役員
村上祐也　東亞合成株式会社　大阪支店　基礎化学品グループ　課長代理
八木和也　DMG森精機株式会社　グループ長
矢島俊二　パナソニック株式会社　主幹
山口洋平　有限会社　エヌ・エー
山下修司　DMG森精機株式会社 PT. DMG MORI INDONESIA Managing Director
吉川　仁　株式会社　牧野フライス製作所　所長

日本人リーダーは，
なぜ危機管理に失敗するのか
――リーダーは悲観主義者《ペシミスト》，実動部隊は楽観主義者《オプチミスト》であれ！――

2015年10月20日　初版第1刷発行
2022年4月15日　初版第3刷発行

＊定価はカバーに表示してあります

著　者　大　泉　光　一
　　　　大　泉　常　長©
　　　　企業危機管理研究会

発行者　萩　原　淳　平

印刷者　江　戸　孝　典

発行所　株式会社　晃　洋　書　房
〒615-0026　京都市右京区西院北矢掛町7番地
電話　075（312）0788番㈹
振替口座　01040-6-32280

ISBN978-4-7710-2659-9　印刷・製本　共同印刷工業㈱

《著者紹介》
大 泉 光 一（おおいずみ　こういち）
1943年　長野県諏訪市で生れ，宮城県大河原町で育つ
日本大学国際関係学部，大学院国際関係研究科助教授・教授，青森中央学院大学・大学院地域マネジメント研究科名誉教授を歴任.
日本大学博士（国際関係学）
2022年３月逝去

〔専門分野〕危機管理論，国際経営論，国際テロ対策，日墨・日欧交渉史
わが国における危機管理学およびセキュリティ・マネジメント研究のパイオニア．危機管理論，国際テロ対策および日欧交渉史の専門家としてマスコミおよび講演会などで活躍.

主要著書
『危機管理学総論――理論から実践的対応――』（改訂版）（ミネルヴァ書房，2010年）
『支倉常長・慶長遣欧使節の真相――肖像画に秘められた実像――』（雄山閣，2005年）（第19回「和辻哲郎文化賞」受賞作品）
その他

大 泉 常 長（おおいずみ　つねなが）
1974年　メキシコ市生まれ
スペイン国立バリャドリード大学大学院経済・経営学専攻博士課程にて所定の単位取得修了
現在，青森中央学院大学経営法学部・大学院地域マネジメント研究科教授

〔専門分野〕国際経営論，危機管理論，国際関係論（ヨーロッパ地域研究）
2014年４月より文部科学省「学校事故対応に関する調査研究」有識者会議委員
日本リスクマネジメント学会およびソーシャル・リスクマネジメント学会共同認定「危機管理士」

主要著書
『激動の欧州連合（EU）の移民政策――多文化・多民族共生の限界とイスラム過激派組織によるテロリズムの脅威――』（晃洋書房，2017年）
『グローバル経営リスク管理論――ポリティカル・リスクおよび異文化ビジネス・トラブルとその回避戦略――』（創成社，2012年）
『国際危機管理論』（高文堂出版社，2005年）
その他

【付録】 わが社の《危機管理達成度》

1．組織の危機管理に大きな影響を及ぼす個人の考え方

（個人の防御メカニズム：組織で仕事をしている個人の性格）

各質問項目に対し1～7のうち当てはまる数値を記入してください（1＝そう思う，4＝どちらともいえない，7＝そう思わない）。

番号	質問項目	得点
1	私たちはどんな深刻な危機に対しても十分対応ができる。	
2	危機が発生しても誰かが助けてくれる。	
3	わが社で危機が起きるはずがない。	
4	過去に起きた危機について考えても何もプラスにならない。	
5	わが社の製品は危険ではない。	
6	私たちの責任は，法的事項と財務的事項だけである。	
7	わが社にダメージを与えるような大きな危機は存在しない。	
8	わが社ではすでに社内における危機に対して十分対応している。	
9	危機は楽しいもので，それを管理するのが私たちの仕事である。	
10	私たちは皆危機管理の専門家なのでどんな危機が発生しても心配はない。	
11	危機の発生によって経済的に破綻するのであれば，それを立証して欲しい。	
12	危機が発生するのは運命である。従って危機に対して準備は不要である。	
13	危機は業績の悪い会社だけで起こるものである。	
14	私たちは危機に備える時間がない。	
15	危機は少数の悪人によって発生するものである。	
16	私たちの仕事は株主を喜ばせることである。	

17	私たちはプラスの面（楽観主義的な面）だけに焦点を当てるべきである。	
18	私たちには危機管理対応より他の重要な仕事がある。	
19	危機にはいつも一つか二つの大きな原因がある。	
20	心配しないで，明るくいこう。	

※評価方法：すべての質問に対するスコアを合計する。スコアの合計が100点以上の場合，あなたの会社は「安全なゾーン」にいます。60～99点の場合，あなたの会社は「不安定なゾーン」にいます。59点以下の場合，あなたの会社は「危険なゾーン」にいます。

2．企業文化と危機管理

各質問項目に対し１～７のうち当てはまる数値を記入してください（１＝そう思う，４＝どちらともいえない，７＝そう思わない）。

番号	質問項目	得点
1	大企業なので大丈夫である。	
2	管理の行き届いた優良企業には危機は起こらない。	
3	特別な場所に会社があるので守られている。	
4	危機は他の会社にだけ発生するのである。	
5	危機には特別な手順は必要ない。	
6	危機が発生してから危機に対応すればそれで十分である。	
7	危機管理や危機回避は贅沢である。	
8	悪い知らせを持ってくる者は罰せられるべきである。	
9	わが社の社員は非常に献身的なので，何の問題もなく彼等を信用している。	
10	最終的にビジネスが成功すれば高いリスクがあっても仕方がない。	
11	大きな危機が発生しても誰かが助けてくれる。	
12	環境は良いので，私たちはそれに守られる。	

13	危機管理は誰か他の人の仕事である。	
14	私たちに損害が及ばない場合は危機ではない。	
15	事件や事故の発生は仕事を行う上でのコストの一部である。	
16	危機の多くはたいしたことではない。	
17	危機は各々非常に特異であり，すべての危機に備えることは不可能である。	
18	危機は孤立したもので，他のものとの関連はない。	
19	危機のほとんどは自然に解決される。時間が最も有効な方法である。	
20	すべてではないがほとんどの危機は技術的な解決方法がある。	
21	問題に対しては技術的解決と財政的解決があればそれで十分である。	
22	危機は否定的なインパクトしか与えず，私たちはそれから学ぶことは何もない。	
23	危機管理は保険のようなものであり，必要なだけ購入すれば十分である。	
24	危機に際しては，策定した緊急手順を活用するだけでよい。	
25	私たちは危機が発生中はうまく機能するチームである。	
26	役員だけが危機管理計画を知ればよい。一般社員に恐怖を与える必要はない。	
27	私たちは明確かつ合理的な方法で危機に十分対応できる。	
28	私たちはメディアを操作する方法を知っている。	
29	危機管理で最も重要なことは，広報活動や宣伝活動を通じてよい企業のイメージをアピールすることである。	
30	危機管理で唯一重要なことは，内部のオペレーションに変更がないことを確認することである。	

※評価方法：すべての質問に対するスコアを合計する。スコアの合計が155点以上の場合，あなたの会社は「安全なゾーン」にいます。93～154点の場合，あなたの会社は「不安定なゾーン」にいます。92点以下の場合，あなたの会社は「危険なゾーン」にいます。

3．危機管理に影響を与える構造的な問題

各質問に対し１～７のうち当てはまる数値を記入してください（１＝否定（いいえ），４＝現在検討中である，７＝肯定（はい））。

番号	質問項目	得点
1	社内に危機管理を行う特別な組織が整備されていますか。	
2	社内に不測事態に備えて危機管理チームが編成されていますか。	
3	危機管理チームの各メンバーはそれぞれが明確な役割を持っていますか。	
4	危機管理チームのメンバーは役割と機能について訓練を受けていますか。	
5	危機管理チームのメンバーは定期的にミーティングを行っていますか。	
6	危機管理チームのメンバーはメンバー間にある潜在的な対立事項について話し合ったことがありますか。	
7	危機管理チームのリーダーまたはファシリテーターがいますか。	
8	危機管理チームは他の部門と関連性がありますか。	
9	危機管理チームは経営トップから明確なサポートを受けていますか。	
10	危機管理チームは役員会や各部門の部長によって編成されたものですか。	
11	社内の危機管理チームには外部の危機管理の専門家が加わっていますか。	
12	内部告発者に対して正式な罰則規定がありますか。	
13	潜在的な警戒信号を追跡する特別な組織はありますか。	
14	潜在的な危機を正式に立証する特別な組織はありますか。	
15	危機に関する情報は危機管理チームと共有するために報告されていますか。	
16	危機管理センターまたは施設が設置されていますか。	
17	外部関係者との関係は確立されていますか。	

18	危機管理における明確なコミュニケーション戦略がありますか。	
19	コミュニケーション技術のバックアップはありますか。	
20	危機管理データは作成されていますか。	
21	社内の安全担当者はコミュニケーション技術に直接触れることができますか。	
22	手順や製造プロセスを簡易化する試みがなされましたか。	
23	危機管理のワークショップや訓練が提供されていますか。	
24	組織を対象とした危機のシミュレーションが実施されていますか。	
25	メディアに対するワークショップや訓練が提供されていますか。	
26	想定事例によるワークショップが提供されていますか。	
27	犯罪行為のワークショップが提供されていますか。	
28	危機管理について従業員を定期的に調査していますか。	
29	危機管理の問題が生産の設計に反映されていますか。	

※評価方法：すべての質問に対するスコアを合計する。スコアの合計が151点以上の場合，あなたの会社は「安全なゾーン」にいます。90～150点の場合，あなたの会社は「不安定なゾーン」にいます。89点以下の場合，あなたの会社は「危険なゾーン」にいます。

4．危機管理に影響を与える戦略的な問題
（計画・メカニズムおよび危機管理手順）

各質問に対し１～７のうち当てはまる数値を記入してください（１＝否定（いいえ），４＝現在検討中である，７＝肯定（はい））。

番号	質問項目	得点
1	危機管理は全般的な経営戦略の一部となっていますか。	
2	危機管理の方針が策定されていますか。	
3	製品ならびにサービスは潜在的な危機の脅威のために過去変更されたことがありますか。	

4	危機管理計画は経営トップの戦略を反映したものとなっていますか。	
5	危機管理計画は技術，財政，法律に配慮したものとなっていますか。	
6	危機管理計画は戦略的構想の評価に基づき策定されていますか。	
7	企業外部の関係者が戦略的経営プロセスに関係していますか。	
8	危機管理チームのメンバーが戦略的経営プロセスに関係していますか。	
9	社長ならびに経営トップが積極的に危機管理計画をサポートしていますか。	
10	戦略は企業の発展とそれを取り巻く環境に沿ったものですか。	
11	企業が環境に対して引き起こす潜在的脅威が危機管理計画に盛り込まれていますか。	
12	危機管理計画は継続的に見直され，更新されていますか。	
13	危機のポートフォリオが正式に策定されていますか。	
14	危機管理のポートフォリオが正式に策定されていますか。	
15	危機管理計画は，事前活動ならびに事後活動の両方を対象としていますか。	
16	明確な学習メカニズムが策定されていますか。	
17	特別チームが企業の内部および外部の過去の危険信号を研究していますか。	
18	短期および長期の復旧メカニズムがテストされ，存在していますか。	
19	予防手段がテストされ，存在していますか。	

※評価方法：すべての質問に対するスコアを合計する。スコアの合計が100点以上の場合，あなたの会社は「安全なゾーン」にいます。60～90点の場合，あなたの会社は「不安定なゾーン」にいます。59点以下の場合，あなたの会社は「危険なゾーン」にいます。

5．理想的な危機対応企業プロフィール・チェックリスト

各質問に対し1～7のうち当てはまる数値を記入してください（1＝否定（いいえ），4＝現在検討中である，7＝肯定（はい））。

番号	質問項目	得点
1	貴社の経営哲学にドラスティックな変更がある。	
2	社長などの経営トップが危機管理についての方針を示している。	
3	戦略的計画プロセスに危機管理が統合されている。	
4	役員会や危機対応チームなどに社外の関係者が含まれている。	
5	危機管理についての社員教育・訓練が定期的に行われている。	
6	危機のシミュレーションを実施している。	
7	多元的戦略やポートフォリオ戦略を採用している。	
8	社内に危機管理チームが編成されている。	
9	危機管理に対する特別予算が計上されている。	
10	緊急事態に関する方針やマニュアルが策定，更新されている。	
11	プラントの従業員や製品などの管理をコンピューターで行っている。	
12	緊急事態が発生した場合のための特別な施設が設置されている。	
13	危険な製品，サービス，生産が削減されている。	
14	デザイン全体を改善し製品の安全性が高められている。	
15	コンピュータ・ネットワークのバックアップのように技術の二重化が図られている。	
16	危機管理に関し外部の専門家やサービスを定期的に利用している。	
17	脅威や責任に対し法的ならびに財政的な監査を実施している。	
18	保険，防災対策，緊急時連絡網を定期的に見直している。	
19	環境に対するインパクトの監査と規制の遵守をしている。	
20	日常業務に必要な重要活動をランク付けしている。	

21	早期警告信号の発見と調査および問題の管理をしている。	
22	潜在的な危険を専門的に調査している。	
23	過去の危機をフォローアップしている。	
24	危機管理に関するメディア・トレーニングを行っている。	
25	広報活動に力を入れている。	
26	現地のコミュニティーに対し多くの情報を提供している。	
27	警察やマスコミなどと良好な関係を保っている。	
28	危機管理担当の役員（常務取締役以上）がいる。	
29	緊急時連絡網などの重要情報を紙とデジタルデータの両方で保管している。	
30	危機管理に対し経営トップに強いコミットメントがある。	
31	情報管理のセキュリティポリシーを持っている。	
32	内部告発者の容認度合いが高まっている。	
33	犯罪行為に対する知識が深まっている。	
34	危機管理について専任担当者がいる。	
35	従業員に対して精神的なサポートがある。	
36	ストレスの管理と不安の管理がなされている。	
37	過去の危機，危険，成功を解雇するための象徴的な物品がある。	

※評価方法：すべての質問に対するスコアを合計する。スコアの合計が184点以上の場合，あなたの会社は「安全なゾーン」にいます。77～183点の場合，あなたの会社は「不安定なゾーン」にいます。76点以下の場合，あなたの会社は「危険なゾーン」にいます。